Thomas Roth
Russisches Tagebuch

Thomas Roth

Russisches Tagebuch

Mit dem Schiff
durch ein riesiges Land

Mit 55 Fotos

edition q

WDR

Die Deutsche Bibliothek – CIP-Einheitsaufnahme

Roth, Thomas:
Russisches Tagebuch : mit dem Schiff durch ein riesiges Land /
Thomas Roth. – Berlin : Ed. q, 1995
ISBN 3-86124-274-5

Das Buch entstand in Zusammenarbeit
mit dem Westdeutschen Rundfunk Köln.

Lektorat: Dr. Jürgen Schebera
Umschlaggestaltung: Atelier Höpfner-Thoma, München
Umschlagfoto: Thomas Roth
Die Rechte an den im Buch verwendeten Fotos
von Thomas Roth gehören dem Westdeutschen Rundfunk Köln.
Gesamtherstellung: Ebner Ulm
Printed in Germany

ISBN 3-86124-274-5

Inhalt

Meinen Töchtern
Natascha und Frances

I.

Der Kanzler ist an allem schuld . . .

Es war in der Nähe von Oggersheim in der Pfalz. Jawohl, genau dort. Ein „historischer" Ort, wie man weiß. Nicht wahr? An einem wunderschönen Tag im Mai 1994 empfing Bundeskanzler Helmut Kohl seinen „Freund Boris" in der Pfalz. Die Staatsgeschäfte hatten sie in Bonn erledigt. Ein wirklich „historischer" Besuch war es natürlich nicht. Auch wenn der Kanzler solche Besuche gerne und am liebsten ausschließlich in solchem Licht sieht. Kohl hatte also „seinen Freund", den russischen Präsidenten Boris Jelzin, nach zwei Tagen Arbeit in Bonn in die Pfalz eingeladen. Ich war mit meinem Kamerateam von Moskau nach Köln/ Bonn geflogen, um besonders über die russische Seite bei diesem Besuch zu berichten. Und über die Gedanken, die dort hinter den Kulissen in der russischen Delegation ausgetauscht wurden. So weit, so gut.

Ich selbst, obwohl in Süddeutschland aufgewachsen, war schon lange nicht mehr in der Pfalz. Und wenn man ein paar Jahre in Rußland und davor drei Jahre in Afrika gelebt hat, dann kommen einem bestimmte Gegenden in Deutschland ganz besonders fremd vor. Jedenfalls hatte ich dieses Gefühl, als wir von Bonn aus mit dem Kamerateam in einem VW Passat hinter dem russischen Präsidenten und dem Kanzler herjagten. Ein warmer, sonnenumglänzter Tag. Die Blüten waren längst aufgebrochen und die blitzsaubere Pfalz wirkte wie eine riesige Puppenstube. Die

Dörfer präsentierten sich wie abgebürstet und ausgefegt. Die Menschen so sauber angezogen und adrett. Im übrigen sogar sehr freundlich. Und doch hatte ich – direkt aus dem Neun-Millionen-Moloch Moskau eingeflogen – das Gefühl, mich in einer anderen, sehr unwirklichen Welt zu bewegen. Warum dieses sonderbare Erlebnis nicht aufschreiben in einer Art Tagebuch, bevor sich diese Sicht wieder verwischt und verblaßt, dachte ich mir. Oder noch anders: Da ich leidenschaftlicher Fernsehjournalist bin, warum nicht diese Beobachtungen in einer Art Videotagebuch festhalten? Dieses eigenartige Gefühl, wenn man für ein paar Tage in die vertraute Fremde eintaucht. Das Aufschreiben und Verfilmen in der kurzen Zeit, in der dies möglich und der Blick nicht schon wieder zu sehr zugestellt ist nach ein paar Tagen oder Wochen in Deutschland. Eine Art „Deutsches Tagebuch" schreiben, nur eben mit der Kamera?

Rasch ergab ein Gedanke den anderen. Während der Autofahrt durch die Pfalz sprach ich über diese Idee mit meinem russischen Kollegen Igor Butz aus dem ARD-Studio Moskau, der mich auf dieser Reise begleitete. Ein hervorragender Kollege und ausgezeichneter Organisator, was uns im ARD-Studio Moskau schon vor so mancher Panne bewahrt hatte. Wir diskutierten dieses Projekt so intensiv, daß ich mich über die wie halbverrückt auf der Autobahn dahinrasenden Deutschen schon gar nicht mehr aufregte.

„Wieso in Deutschland und nicht in Rußland ein solches Tagebuch? Sie leben und arbeiten doch in Rußland und da ist Ihr Blick noch halbwegs frisch", meinte er. Er hatte recht. Warum nicht ein „Russisches Tagebuch" während einer Reise durch Rußland verfassen? Und zwar eine Reise ganz bewußt abseits der üblichen russischen Krisenregionen. Ganz egal, wer in Moskau gerade mal wieder den nächsten Akt im ziemlich irrsinnigen Staatstheater eröffnet? – Gedacht, getan. In der ARD, genauer gesagt beim

Chefredakteur des WDR, Nikolaus Brender, stieß die Idee sofort auf Begeisterung. „Das muß möglich sein!" meinte er sofort. Und: Es war möglich!

Wichtig war aber noch ein zweiter Gedanke, und der klingt vermutlich zunächst nur technisch und damit wohl für die meisten langweilig. In Wirklichkeit aber ist er sehr spannend. Meine Vorstellung war schon lange, die Technik, die wir normalerweise nur bei der sogenannten „Krisen- und Kriegsberichterstattung" einsetzen, auch für die sogenannte „normale" Berichterstattung einzusetzen. Das Stichwort heißt „Fly away". Auf Normaldeutsch: Warum nicht eine tragbare Satellitensendeanlage mitnehmen? Damit wären wir komplett unabhängig von allen technischen Schwierigkeiten, auf die man beim Überspielen aus den Stationen des russischen Fernsehens stoßen kann. Und das sind ziemlich viele. Diese Satellitenanlage würde uns so beweglich wie überhaupt nur möglich machen. Wir könnten, gleichgültig von wo und egal zu welcher Uhrzeit, unsere Filme nach Deutschland überspielen und live in jede beliebige Sendung schalten. Nach kurzer Prüfung stellte sich heraus – es ist möglich. Und, was bis vor kurzem noch undenkbar war, nach einer ersten Kontaktaufnahme zeigte sich, daß die zuständigen russischen Behörden nichts dagegen hatten. Egal wo wir uns aufhalten und filmen und direkt nach Deutschland senden wollten. Das war „good news".

Bevor wir an die Planung der eigentlichen Reiseroute denken konnten, war noch etwas anderes zu klären. In welcher Sendung sollte das „Russische Tagebuch" denn überhaupt erscheinen? Nach meiner Vorstellung in einer klassischen Nachrichtensendung, genauer gesagt, in einem klassischen Nachrichtenmagazin. Und da gibt es in der ARD nur eines, das in Frage kommt, das allerdings zugleich das attraktivste und professionellste im deutschen Fernsehen ist: die „ARD Tagesthemen". Nein, ich mache hier keine Werbung aus mehr oder weniger freiwilliger Loyalität zu meinem Arbeitgeber. Dies ist meine feste Überzeugung. Nach nun fast zwölf Jahren Fernsehjournalismus kann ich das ein wenig einschätzen. Wichtig schien mir, daß wir die Zuschauer, die eigentlich ein Nachrichtenmagazin mit mehr oder weniger ausschließlichen „harten" Nachrichten zu sehen gewohnt sind, ein wenig überraschen. Mit Blicken auf ein Land, das sie nicht nur, aber doch vor allem im Zusammenhang mit schweren Krisen kennen – dieses riesige und komplizierte, letztlich uns immer noch fremde, aber auch wunderschöne Rußland. Und diese Blicke sollten sehr persönlich sein, wie es sich für ein Tagebuch gehört, andernfalls ist es nichts wert. So ein Projekt hatte es im deutschen Fernsehen tatsächlich noch nicht gegeben. Jedenfalls nicht in einer Nachrichtensendung. Würden die Kolleginnen und Kollegen der „ARD Tagesthemen" zu so einem Experiment bereit sein? Sie waren es sofort. Mehr noch: Sie waren sofort begeistert.

„Diese Sache hat was, macht mal rasch voran!" meinte der Hamburger „Tagesthemen"-Chef Uli Deppendorf, als ich mit ihm von Moskau aus telefonierte. Auch die Moderatoren Uli Wickert und Sabine Christiansen unterstützten das Projekt. Und der Westdeutsche Rundfunk war bereit, das Geld für so ein teures Fernsehprojekt bereitzustellen. Nun konnte es wirklich losgehen. Es blieb „nur" noch zu klären, welche Route wir nehmen und auf welche Weise wir denn nun tatsächlich reisen sollten. Sollten wir uns Lastwagen und eine Feldküche von der russischen Armee besorgen? Möglich ist das in Rußland inzwischen. Aber würden denn unsere hochempfindlichen technischen Geräte einschließlich der Satellitensendeanlage eine lange Fahrt quer durch Rußland überhaupt aushalten? Vermutlich nicht. Und würde sich nicht spätestens im Kaukasusgebirge oder in irgendeiner der russischen Megastädte die Mafia an uns hängen, was vermutlich ziemlich schnell das Ende der Reise oder noch Schlimmeres bedeutet hätte? Ein russischer Kollege aus St. Petersburg, mit dem wir viel zusammenarbeiten, hatte dann die entscheidende Idee:

„Warum macht ihr das alles nicht mit dem Schiff, das geht doch?" Ich stutzte zunächst. Wieso mit dem Schiff? Nun lebe ich schon knapp zweieinhalb Jahre in Rußland, aber es war mir immer noch nicht so recht ins Bewußtsein gedrungen, daß Rußland von einem ausgedehnten Fluß- und Seensystem durchzogen ist, das im Laufe der Jahrzehnte außerdem durch zusätzliche Kanäle miteinander verbunden wurde. Schon Lenin ließ dazu Pläne entwerfen. Praktisch umgesetzt wurden die wichtigsten Projekte erst unter Stalin und noch später. Nach einem Blick auf die Landkarte stellten wir fest: Es geht tatsächlich! Man kann mit dem Schiff vom Polarkreis, also vom Weißen Meer aus vom hohen Norden mitten durch das Herz Rußlands bis tief in den russischen Süden, bis ins Schwarze Meer fahren. Und das fanden wir nun doch alle faszinierend. Außerdem würde eine Reise mit einem Schiff fast alle sogenannten logistischen Probleme auf einen Schlag lösen. Die gesamte technische Ausrüstung einschließlich der Satellitenanlage kann auf dem Schiff installiert werden. Auf dem Schiff läßt sich die Verpflegung gut verstauen. Und das Schiff ist gut gegen Diebe und Mafiosi abzusichern. Im schlimmsten Fall fahren wir einfach vom Ufer raus aufs Wasser. Eine Überlegung, die heute in Rußland bedauerlicherweise wichtig ist. Wobei ich dazu gleich sagen will, es gibt genügend Länder auf dieser Welt, wo unser Plan regelrecht lebensgefährlich wäre. Das ist er in Rußland auf gar keinen Fall, wenn man das eine oder andere von vornherein mitbedenkt. Und wenn man sich auch in Rußland so verhält, wie es sich für andere Länder gehört. Zurückhaltend, bescheiden und möglichst ohne „Wessi"-Arroganz.

Nun blieb noch ein letztes, allerdings wirklich wichtiges Problem zu klären. Der russische Norden war viele Jahre lang militärisches Sperrgebiet, und Teile davon sind es heute noch. Würden wir die Erlaubnis bekommen, diese Reise auch quer durch jenes Gebiet zu machen, ohne daß wir bei unserer Arbeit in irgendeiner Weise eingeschränkt oder gar zensiert würden? Zu meiner Überraschung war auch dies kein Problem. Allerdings erhielten wir von Beginn an die starke Unterstützung des russischen Außenministeriums. Übrigens tatsächlich das bei weitem „offenste" Ministerium innerhalb der russischen Regierung. Und Rußland ist trotz aller Krisen und Schwierigkeiten in vieler Hinsicht ein sehr „offenes" Land geworden. Als ich es, von Afrika kommend, im Mai 1991 zum ersten Mal betrat, gab es noch die alten Regelungen, die viele Jahrzehnte übliche Praxis waren. Wer das Stadtgebiet von Moskau verlassen und über Land reisen wollte, hatte zwei Tage vor Reisebeginn einen entsprechenden Antrag zu stellen. Auch wenn diese Regelung im Mai/Juni 1991 nur noch äußerst locker gehandhabt wurde, es gab sie noch. Zweieinhalb Monate später gab es sie nicht mehr: nachdem Boris Jelzin und die Moskauer Bevölkerung die Putschisten niedergerungen hatten. Wieder ein paar Monate später gab es bekanntlich den ganzen Staat nicht mehr, der unter anderem die Journalisten mit solchen Regelungen und mit vielfältiger Überwachung drangsaliert hatte – die Sowjetunion.

Nun hatten wir also von allen Seiten grünes Licht für mein bisher längstes und spannendstes Fernsehprojekt. Für das „Russische Tagebuch". Nach einigen weiteren Wochen Vorbereitung konnte es losgehen. In St. Petersburg beluden wir das von uns gecharterte Schiff mit dem Namen „Der Leningrader". Ein umgebautes kleines Fährschiff mit 10 Mann Besatzung inklusive einer Köchin, die uns und die Mannschaft versorgen sollte. Wir fuhren die

Von uns gechartert: „Der Leningrader".

Die Ausrüstung wird an Bord gebracht.

Newa flußaufwärts, um den größten Binnensee Europas zu durchkreuzen, den Ladogasee. Ziel: die Inseln von Solowkij im Weißen Meer dicht unterhalb des Polarkreises. Nach 5 Tagen waren wir dort.

II.

Die Todesinseln im Weißen Meer

Natascha Sysojewna geht schwer. Mit langsamen Schritten überquert sie die ehemalige Lagerstraße. Hinüber zu ihrem kleinen Garten. Dort hat sie Salat, Kartoffeln und ein paar Kräuter angepflanzt. Davon ernährt sie sich. Ihre schmale Rente allein würde bei der galoppierenden Inflation in Rußland längst nicht mehr zum Überleben reichen. Natascha wird bald 80 Jahre alt. Die vielen eisigen Winter hier oben im russischen Norden haben sich tief in ihr Gesicht eingegraben. Später, in der Küche ihrer kleinen windschiefen Holzhütte, versucht sie sich zu erinnern. Doch es fällt ihr schwer, ihre Gedanken und Erinnerungen festzuhalten. Sie rutscht unvermittelt von einem Jahrzehnt ins andere. Eine Erinnerung aber wird im Laufe des Gesprächs immer deutlicher. Die Erinnerung an den GULAG. Denn damals kam sie hierher. Es war die Zeit der „Säuberungen" und des „großen Terrors". Die brutale Herrschaft Stalins füllte die Lager in der Sowjetunion. Vor allem in Sibirien. Das erste organisierte Lager zur Unterdrückung von „Renegaten" und „Volksschädlingen" aber entstand schon anfangs der zwanziger Jahre hier auf dieser Insel im Weißen Meer.

Wir sind auf der größten der Solowetzkij-Inseln. Eine Gruppe von Inseln im Weißen Meer. Im Sommer sind sie mit viel Grün bedeckt. Im Winter mit meterhohem Schnee und Eis. Sie haben eine lange, eine stolze, aber auch eine tragische Geschichte. Hierher flüchteten sich schon einige Völker der „Rus", Völker des alten Rußland, als der Mongolensturm im 13. Jahrhundert über das Land hinwegfegte und die slawischen Völker unterwarf. Jene, die sich der Herrschaft der Mongolen nicht beugen wollten, flohen immer weiter nach Norden. In jene unwirtlichen Landstriche, wohin ihnen die asiatischen Eroberer nicht mehr folgen wollten. Eine Gegend mit kurzen Sommern und langen und eisigen Wintern. Über fünf Monate friert dort ein ganzes Meer zu. Für die Schiffe bleiben nur schmale, mit gefährlichem Treibeis verstopfte Fahrrinnen übrig. Das Meer verwandelt sich in eine riesige weiße Eisfläche. Daher hat es auch seinen Namen: das „Weiße Meer".

Natascha Sysojewnas windschiefe Hütte steht außerhalb des „Kreml" der Hauptinsel von Solowkij. Der „Kreml", das sind die mächtigen Mauern einer mit acht finsteren Türmen versehenen Festung. Eines jener beeindruckenden Wehrklöster, die den europäischen Teil Rußlands vom hohen Norden bis tief in den Süden, vom Weißen Meer bis zum Schwarzen Meer prägen. Wir werden auf unserer rund 6000 Kilometer langen Reise mit dem Schiff durch Rußland noch vielen von ihnen begegnen.

Das hoch aufragende Kloster von Solowkij gründeten im 15. Jahrhundert zwei Mönche der russisch-orthodoxen Kirche. Von da an erfuhr es einen glänzenden Aufschwung. Besonders als es der Abt Filip, ein Freund „Iwan des Schrecklichen", jenes grausamen russischen Zaren, übernahm. Er sollte später sogar zum Metropoliten, also zum Oberhaupt der russisch-orthodoxen Kirche in Moskau aufsteigen. Er wurde trotzdem nach einigen Jahren in die Verbannung geschickt und schließlich von einem gedungenen Mörder erdrosselt, doch davon später. Das Kloster auf der größten dieser idyllischen Inseln von Solowkij wurde zum nördlichen Außenposten des Zarenreichs. Deshalb ließ der Zar das Kloster zur Festung ausbauen. Besonders wegen der Überfälle der skandinavischen Seefahrer, die auf ihren Eroberungszügen auch das Weiße Meer durchkreuzten. Viele tausend fromme Pilger besuchten im Lauf der Jahrhunderte dieses mit besonders schönen und wertvollen Ikonen ausgestattete Kloster.

Der Niedergang des mächtigen Klosters von Solowkij begann mit der Herrschaft des russischen Zaren Peter des Großen und seiner Gründung von Sankt Petersburg. Die ganze Aufmerksamkeit Peters des Großen galt dem Westen und der Anbindung des russischen Reiches an Europa. Der russische Norden, und damit auch die Inseln von Solowkij, verlor an Bedeutung. Doch der eigentliche Mißbrauch des Klosters von Solowkij begann erst sehr viel später. Zu jener Zeit, als Natascha Sysojewna hierherkam. Oder besser: Das Kloster und die umliegenden Siedlungen hatten sich in einen Alptraum verwandelt. In ein „Sonderlager", auf russisch „S.L.O.N.". Ein „Lager zur besonderen Verwendung" der Häftlinge. Doch damit nicht genug. In den ersten Jahren gab es dort ein regelrechtes Folterzentrum der gefürchteten Tscheka, der noch von Lenin gegründeten politischen Polizei. Sie war nichts anderes als eine Gestapo unter kommunistischen Vorzeichen.

„Damals, als ich hierher kam, waren ungefähr 8000 Häftlinge hier. Ich habe aber auch schon gehört, daß es 12 000 gewesen sein sollen." Natascha Sysojewna ist sich nicht mehr ganz sicher.

„Aber viele waren es, das stimmt!" meint sie.

Sie selbst kam Anfang der dreißiger Jahre hierher. Zusammen mit ihrem Mann. Beide arbeiteten davor auf einer Kolchose in Zentralrußland. Eine Arbeit, die kaum das Überleben sicherte. Deshalb beschloß ihr Mann, sich als Wachsoldat für das Straflager für politische Häftlinge hoch in den Norden, auf die Insel im Weißen Meer zu bewerben. Für diesen Dienst gab es mehr Sold als anderswo. Also gingen sie hin. Natascha war damals gerade 17 Jahre alt. Ihr

Mann ließ sie Jahre später mit 5 Kindern auf der Insel sitzen. Doch sie brachte sich und die Kinder irgendwie durch. Sie arbeitete damals als Kindergärtnerin und besuchte immer wieder auch die politischen Gefangenen.

„Warum die dort waren? Ich habe die gefragt. Sie haben immer nur gesagt: ‚Wegen nichts!'"

Natascha dachte zu dieser Zeit wie viele überzeugte Jungkommunisten: „Wenn der Staat diese Leute zu Gefängnis und Zwangsarbeit verurteilt, dann sind das bestimmt Verbrecher."

So dachte sie damals. Heute hat sie Zweifel. War vielleicht doch alles ganz anders – nach dem, was man heute weiß?

Heute weiß man: Jenes Lager „S.L.O.N.", das „Solowetzkijer Lager zur besonderen Verwendung", wurde als Sonderlager von der politischen Polizei der Bolschewisten, der Tscheka, im Mai 1923 eingerichtet. Zu jenem Zeitpunkt waren die Mönche des Klosters von revolutionären Rotgardisten längst vertrieben, der Abt ermordet und viele der Klostergebäude bereits ruiniert oder zerstört. Wer, von dem kommunistischen Regime ausgestoßen, hierher verfrachtet wurde und in den Händen der Tscheka blieb, wurde auf grausame Weise gefoltert, umgebracht oder starb an Hunger und an den Folgen der Zwangsarbeit in einem der langen und harten Winter. Alexander Solschenizyn, der inzwischen aus dem amerikanischen Exil nach Rußland zurückgekehrte Schriftsteller und Nobelpreisträger, hat davon in seinem berühmten Buch „Der Archipel GULAG" erzählt. Ehemalige Häftlinge, die den Aufenthalt auf den Todesinseln im Weißen Meer überlebten, gaben ihm viele Informationen darüber. Eine davon ist, daß Häftlinge mit Fischerbooten auf das Meer hinausgefahren wurden. Die Boote wurden samt ihrer menschlichen Fracht versenkt.

Das Wort „Slon" bedeutet übrigens im Russischen

„Elefant". Deshalb war das Zeichen dieses Lages im eisigen Norden Rußlands absurderweise ein afrikanischer Elefant.

Trotz der grauenvollen Geschichte der Inseln von Solowkij sind sie bezaubernd. Die mächtige Klostersilhouette zeichnet sich in den Sommermonaten klar von dem lichten nördlichen Himmel ab. Fast wie ein Traumgebilde. Wie eine verlorene Erinnerung an jenes alte und mächtige Rußland, das auch heute wieder, wie so oft in den letzten Jahrhunderten, von heftigen politischen und wirtschaftlichen Krisen geschüttelt wird. Und doch sind diese Inseln einen Besuch wert. Das war für Ausländer viele Jahrzehnte gar nicht möglich. Die Inseln galten als Sperrgebiet. Für Touristen ist der Inselarchipel zumindest in den Sommermonaten mit dem Schiff am besten von Petrosawodsk aus erreichbar, der Hauptstadt der an Finnland grenzenden russischen Provinz Karelien.

Natascha Sysojewna wird diese Insel nicht mehr verlassen. Ihre Kinder leben weit verstreut in Rußland. Sich noch einmal auf ein ganz anderes Leben in diesem großen, vom Umbruch gezeichneten Rußland einstellen, nein, das will sie nicht mehr. Ihr Leben wird hier im fernen russischen Norden zu Ende gehen.

Unten im Hafen von Solowkij verläßt ein verrosteter Kutter das Hafenbecken. Er trägt den alten Namen „Rus". Auf dieses Wort geht der Name „Rußland" zurück. Das Land der Völker der „Rus". Der Fischkutter fährt hoch in die Barentssee und weiter in das Nordmeer. Wir nehmen eine andere Richtung. Die nach Süden, dort wo das Schwarze Meer liegt. In sechs Wochen beginnt hier im äußersten Norden Rußlands bereits wieder der Winter. Dann verwandelt sich das Meer für lange Monate in eine riesige weiße Fläche. In das „Weiße Meer". Und diese im Sommer so bezaubernde Gegend versinkt wieder in der tiefen Polarnacht.

III.

Endstation bei Schleuse neun

Viktor Alexandrowitsch Kusnetzow ist ein Mann, der sich so schnell nicht aus der Ruhe bringen läßt. Auch dann nicht, wenn durch die Ritzen seines morschen Holzbootes immer mehr Wasser eindringt. Aber dagegen hat er ein einfaches Mittel. Aus einem Holzkasten im Heck zieht er eine Backform aus Blech hervor.

„Darin hat meine Frau viele Jahre lang unser russisches Kastenbrot gebacken", sagt er grinsend. Dann taucht er es in die immer größer werdende Pfütze am Boden und schüttet das bräunliche Wasser über den Bootsrand.

„Ich fahre normalerweise das Jahr über allein mit diesem kleinen Schiffchen. Ihr seid einfach zu schwer."

So schwer sind wir nun auch wieder nicht. Aber wir sind zu viert, die Kameraausrüstung wiegt auch nicht gerade wenig. Durch unser gemeinsames Gewicht drücken wir unfreiwillig das morsche, knapp drei Meter lange Holzboot unter die vorgesehene Wasserlinie. Und warum soll er das Boot ordentlich abdichten, wenn das eigentlich das Jahr über gar nicht nötig ist? Für den Ausnahmefall gibt es ja die kleine Backform. Russischer Gleichmut. Als ich vor drei Jahren zum ersten Mal nach Rußland kam, hat dieser Gleichmut mich noch erstaunt. Heute ist er für mich Alltag. Nur wenn ich alle paar Monate mal in Deutschland bin, komme ich immer wieder ins Staunen. Nicht über die Russen, sondern über die Deutschen. Und über ihren Perfektionismus. Ihr starkes Bedürfnis, nichts der Improvisation zu überlassen und alles, oder jedenfalls fast alles, zu regeln. „Nemetzkij parjadok!", „deutsche Ordnung!", sagen viele Russen, und es klingt zunächst bewundernd. Aber wenn man genau hinhört, steckt darin auch eine leichte Ironie. Ich teile sie inzwischen.

Viktor Kusnetzow hat versprochen, uns an einen Ort zu fahren, den bisher noch niemand gefilmt hat. Drüben in den sumpfigen Wäldern am anderen Ufer des Weißmeerkanals, der vor der Schleuse Nr. 9 in einen großen See übergegangen ist. Dort sollen die Überreste eines großen Straflagers liegen. Drüben in den Wäldern voller Mücken. Es wurde erst in den späten 70er Jahren geschlossen.

Wir haben Gesicht und Hände dick mit einer milchigen Creme gegen Insektenstiche beschmiert. Aber das hilft schon jetzt wenig. Am Ufer werden die Überreste eines in der Sonne faulenden Anlegestegs aus dicken Baumstämmen sichtbar. Dahinter ragen Holzdächer über die Birkenwipfel. Die Firste sind zum Teil heruntergebrochen. Neben dem Anlegesteg ist ein kleines Holzhäuschen halb in den Fluß gesunken und hängt schief im Morast. Die verwesenden Latten schimmern grau in der grellen Nachmittagssonne. Dahinter ragen ein paar Eisenstreben aus dem Wasser.

„Hier war die Anlegestelle", brüllt Viktor Kusnetzow, um den lärmenden Außenbordmotor zu übertönen. „Hier konnte man früher sogar mit größeren Schiffen anlegen. Aber heute ist die Fahrrinne versandet!"

Beim ersten Anlegeversuch schrappt der Holzkiel über die dicht unter der Wasseroberfläche liegenden Steine. Viktor zieht eine Holzstange hervor mit einem rostigen Bootshaken am anderen Ende und stößt damit das Boot nochmal ins Wasser zurück. Er hat sich mit der Wassertiefe bei diesem Anlegeversuch leicht verschätzt. Beim zweiten Mal klappt es. Während wir über einen beinah zugewachsenen Pfad in den Wald gehen, erzählt er, daß er schon hier war, als es hier noch Häftlinge gab.

„Das war eines von drei Straflagern. In dem hier waren rund 500 Häftlinge. Die haben hier in den Wäldern gearbeitet. Oder Gegenstände aus Holz hergestellt. Löffel zum Beispiel. Die wurden dann drüben in den Dörfern verkauft."

Wir sind am ehemaligen Lagertor angelangt. Die beiden kräftigen, drei Meter hohen Torpfosten stehen noch. Rostiger Stacheldraht spannt sich über den Rahmen des Tors, das aus den Angeln gerissen wurde und halb über zwei jungen Birken hängt, die in den letzten 20 Jahren darunter hervorgewachsen sind. Daneben Reste eines Wachturms. Im Gebüsch liegt ein verrosteter Scheinwerfer aus Blech.

„Politische waren hier nicht", meint Viktor Kusnetzow, während wir durch das Gebüsch stapfen. „Hier waren bloß normale Kriminelle." Überzeugend klingt das nicht. Denn ein alter Trick des kommunistischen Strafrechts war es immer, politisch begründete „Straftaten" einfach nur als kriminell einzustufen. Als „Verunglimpfung des Staates" oder „Störung der öffentlichen Ordnung". Am Ende stand Gefängnis, Straflager oder, besonders zynisch und vor allem in den 70er Jahren angewandt, eine psychiatrische Anstalt. Straflager war stets eine harte Variante. Schon gar hier draußen in den Wäldern des russischen Nordens. Durch Wildnis und Wasser abgeschnitten von der übrigen Welt.

Wir gehen durch den sogenannten „Arbeitsbereich" des Lagers. Die Häftlinge hatten im Wald eine große Lichtung freigeschlagen und den Boden mit Kies und Sand bedeckt. In einer Ecke des zentralen Lagerplatzes steht noch ein großer, verrotteter Dieselgenerator auf einem gemauerten Sockel. Aus seiner Rückwand ragt ein drei Meter langes Rohr und biegt sich wie ein Rüssel nach

Vom Straflager übrig: das Stromaggregat.

vorne. Wie ein großes, eisernes Urwelttier steht die Maschine auf der Lichtung.

„Die Häftlinge haben das ganze Lager selbst gebaut, das habe ich gesehen. Das hat gerade ein paar Monate gedauert, bis es fertig war. Und manche von ihnen wurden sogar als Wachpersonal eingesetzt!" Viktor Kusnetzow, der um die 60 Jahre alt ist und ein weiches, gutmütiges Gesicht hat, macht den Eindruck, als ob er in seinem Element ist. Das letzte Mal war er vor zwei Jahren hier.

„Wieviel in der Zwischenzeit schon wieder zugewachsen ist", wundert er sich. „Das schlimmste hier war der ‚Isolator', die Baracke mit den Zellen für Einzel- und vor allem für Dunkelhaft. Dort war es ganz schlimm. Die saßen da drin und sahen keine Sonne!"

Wir dringen durch das Unterholz. Dahinter wird eine verfallene Baracke sichtbar. Etwa in der Größe eines Einfamilienhauses. Die gesamte Vorderwand ist herausgebrochen. Die Baracke steht schief und wie aufgeschnitten da. Der Eingang ist mit dicken Bohlen ausgelegt. Als ich auf eine dieser Bohlen trete, breche ich einen halben Meter tief durch das vermoderte Holz. Da ich kniehohe Stiefel trage, schrammt das Holz nur die Stiefelschäfte entlang. Wolodja, mein russischer Kameramann, ist inzwischen ins Innere des verfallenen Hauses vorgedrungen. Der etwa zehn Meter lange Gang im Erdgeschoß wird alle eineinhalb Meter durch mit Eisen beschlagene Holztüren unterbrochen. Dahinter liegen die winzigen Zellen. Bei einigen hängen zusätzlich Eisenplatten vor dem Gitterfenster. In jede dieser Platten sind ein paar winzige Löcher gebohrt, durch die dünne Lichtstrahlen in die Zelle fallen. Die Zellen für Dunkelhaft. Eine bedrückende Stimmung. Wie lange ein Häftling in einer solchen Zelle saß? Viktor Kusnetzow weiß es nicht. In der Ecke einer der Zellen liegt noch eine Blechtasse herum. Die Baracke selbst war innerhalb des Lagers noch einmal durch einen rund drei Meter hohen Holzzaun abgeteilt. Der Zaun ist umgekippt und liegt am Boden. Er sieht aus wie ein mit Holz ausgelegter Weg. In den Bäumen um die Baracke herum spannt sich rostiger Stacheldraht.

„Da ist noch nicht einmal ein Vogel durchgekommen. Wenn der sich in dem durch die Bäume geflochtenen Stacheldraht verfing, war es aus mit ihm!" Er schnippt dabei mit dem Finger, während er das erzählt, um die Chancenlosigkeit des Vogels, aber wohl auch der Häftlinge zu unterstreichen. Warum das Straflager aufgelöst wurde, weiß er nicht. Eines Tages wurden die Häftlinge plötzlich abtransportiert. Das war im Jahre 1976. Das Lager verfiel allmählich. Die Wachmannschaften hatten nur einen Teil des Geräts mitgenommen. Anderes holte sich die Bevölkerung aus den Dörfern vom anderen Ufer. Vieles vergammelte.

Der „Isolator", Baracke für Einzelhaft.

Häftlingsbaracke.

Eine verrottete „Schneekatze".

Der Dieselgenerator war zum Abtransport in einem kleinen Fischerboot zu schwer. Also blieb er auf seinem Sockel stehen. Den Rest besorgte die Natur.

Viktor Kusnetzow ist von Beruf Schleusenwärter. Schon seit vielen Jahren arbeitet er an der Schleuse Nummer neun des „Weißmeerkanals". Jener Kanal, der das Weiße Meer „mit dem Herzen Rußlands" verbindet, wie manche sagen. Die Häftlinge kamen bei dem kleinen Dorf an der Schleuse durch, bevor sie mit dem Schiff zum Lager übersetzten. Natürlich wußten alle über das Lager Bescheid. Und sie wußten noch mehr. Sie wußten von dem großen GULAG-System, das Stalin anfangs der dreißiger Jahre hier einrichten ließ. Denn er brauchte Arbeitskräfte für den Bau des Weißmeerkanals. In weniger als zwei Jahren bauten sie diesen Kanal. Auf einer Strecke von rund acht Kilometern mußte er regelrecht aus dem Felsen gehauen oder gesprengt werden. Der Bedarf an Arbeitskräften wurde zum großen Teil aus den 15 Straflagern gedeckt, die hier in der Gegend errichtet wurden, wie Viktor Kusnetzow erzählt. Er selbst hat an „die Politischen" keine persönlichen Erinnerungen mehr. Aber er weiß, was sich die Leute hier in der Gegend darüber erzählen:

„Die Politischen, die saßen doch die meiste Zeit herum. Die gingen aufs Feld, haben Ähren gepflückt und die dann den Kindern gegeben. Außerdem haben die Zeitungen gehabt!" Kusnetzow wirkt spöttisch, fast aggressiv. Die Wahrheit ist das sicher nicht, was er da erzählt. Der GULAG war zurecht gefürchtet. Das hat nicht nur Alexander Solschenyzin gewußt. Obwohl es heute noch keine genauen Zahlen darüber gibt, wie viele Häftlinge allein in den GULAGs des russischen Nordens umgekommen sind. Aber die Zahl geht sicher in die Tausende. Vielleicht ist der Spott von Viktor Kusnetzow Ausdruck von Verdrängung, ähnlich dem in Deutschland nach dem Krieg bis weit in die 60er Jahre. Lange Zeit neigten in Deutschland viele Menschen mehr oder weniger unausgesprochen dazu, die Schuld den Juden, den Schwulen, den Zigeunern oder überhaupt den Häftlingen in den Konzentrationslagern zu geben, dafür daß es die Konzentrations- und Vernichtungslager gab. Und manche halten die Vernichtungslager ungeheuerlicherweise ja heute noch für eine Lüge. Bis vor kurzem durften die neuen und alten Nazis die Mär von der „Auschwitzlüge" sogar noch ungestraft verbreiten. Deutschland – mehr als 50 Jahre danach. Von den Attentaten und Morden an Ausländern gar nicht erst zu reden. Auch das ist in diesem Deutschland heute wieder möglich – mehr als 50 Jahre danach.

Mit dem Verwaltungschef der unteren, also der südlichen Hälfte des Weißmeerkanals hatten wir ebenfalls gesprochen. Er versuchte uns immer wieder nahezulegen, daß wir doch von dem Thema GULAG absehen sollten. Und außerdem: Die Holzhäuschen der kleinen Siedlungen neben den Schleusen würden noch aus den dreißiger Jahren stammen. Er wandte sich eindringlich an meinen russischen Kollegen Igor Butz. Igor sei doch Russe und müsse verstehen, daß man das nicht unbedingt in Deutschland zu zeigen brauche. Er solle uns in dieser Richtung beeinflussen. Natürlich ist das Ansinnen des Verwaltungschefs zwecklos. Aber vor ein paar Jahren noch wäre das eine mit versteckten oder offenen Drohungen verbundene Anweisung gewesen.

Was den GULAG angeht, so liest sich das in der einzigen, etwas holprig geschriebenen staatlichen Broschüre, die es über diese Gegend und den Weißmeerkanal gibt, so:

„Es war eine schwierige, konfliktreiche Zeit für unser Land. Auf der einen Seite wurden Fabriken und Werke gebaut. Auf der anderen Seite wurden Arbeits- und Gefangenenlager für Staats- und Parteimitglieder organisiert. Das ‚Belbaltlag' (Weißmeerbaltisches Lager) war eines davon. Die Gefangenen dieses Lagers hatten den Kanal zu bauen.

Mit Schaufeln und Äxten machten sie den Weg dafür frei, bauten die Dämme und Schleusen. Nachdem der Kanal fertig war, wurden Tausende der Gefangenen vor dem eigentlichen Ende ihrer Haftzeit in die Freiheit entlassen und zu einer Ausbildung zugelassen. Andere blieben und arbeiteten am Kanal. Unglücklicherweise starben viele von ihnen. Wir dürfen sie und ihre Taten nicht vergessen."

Vielleicht erklärt sich die etwas holprige, funktionärshafte Sprache dieser Broschüre dadurch, daß der Verfasser gewußt hat, daß er höchstens die halbe Wahrheit schreibt. Seine Hälfte der Wahrheit besteht darin, daß man überhaupt über diese Zeit spricht und die Lager erwähnt, die sich sowieso nicht mehr verheimlichen lassen. Aber so wie in der Broschüre den unmenschlichen Terror der Stalinzeit und die grausigen Spuren zu beschreiben, die er auch im russischen Norden zurückgelassen hat, das ist nun doch einigermaßen symptomatisch für den höchstens halben Weg, den Rußland bisher bei der Vergangenheitsbewältigung zurückgelegt hat. Außer auf den Inseln von Solowkij gibt es in diesem ganzen Teil des Nordens, den wir bereist haben, nicht eine Gedenkstätte, nicht ein Museum oder ähnliches, in dem der Staat an diesen Teil seiner Geschichte erinnert. Der Geschichte von Tausenden, die dort an Arbeit und Hunger, also an den Folgen des GULAG und damit der brutalen Herrschaft der Kommunistischen Partei und Stalins Politischer Polizei umgekommen sind.

Bleiben noch ein paar Fakten zum Kanal nachzutragen, der noch bis ins Jahr 1961 den Namen „Stalinkanal" trug. Anfang 1931 setzte sich die erste Ingenieurgruppe an dieses Projekt. Ihre Aufgabe bestand darin, den Wasserweg von der baltischen See her durch diesen Kanal um rund 4000 Kilometer zu verkürzen und einen direkten Zugang vom Herzen Rußlands her zum Weißen Meer zu planen. Natürlich spielten bei diesem Projekt auch strategische Überlegungen eine Rolle. Nach weniger als zwei Jahren

Mit meinem russischen Kameramann Wolodja Gretschischkin auf dem Weißmeerkanal.

Bauzeit wurde der Kanal am 2. August 1933 von Stalin höchstpersönlich eröffnet. In alten Propagandafilmen ist noch heute festgehalten, wie der eitle Diktator in hellem Uniformrock auf dem Oberdeck eines Kriegsschiffes hin und her geht, das in eine der Holzschleusen einfährt. Am Ufer stehen Menschen mit Transparenten, andere winken ihm zu. „Alles zum Ruhme der Partei und des Vaterlands", sagt der Kommentator.

Natürlich spielte dieser Kanal im Verlauf des Zweiten Weltkriegs nach dem deutschen Überfall auf die Sowjetunion eine Rolle. Feindliche Truppen brachen in den Norden ein. Eines der Hindernisse, auf die man stieß, war der „Stalinkanal". Und eine Verteidigungsmaßnahme, die vom Stab der Roten Armee im karelischen Frontabschnitt am 7. Dezember 1941 getroffen wurde. Schleusen und Stauwehre wurden geöffnet und überfluteten riesige Landstriche. Sie füllten den Onegasee auf. Viele Dörfer gingen dabei unter. Auch wenn Teile des Kanals im Kriegsverlauf beschädigt wurden, der Sperriegel hielt im wesentlichen, von einigen kleineren Durchbrüchen abgesehen.

Doch zurück zur Gegenwart. Der russische Norden, besonders die Landschaft um den Weißmeerkanal, der ja nicht nur aus der eigentlichen Kanalrinne besteht, sondern viele kleinere und große Seen und Seenplatten miteinander verbindet, diese Landschaft ist eine der bezauberndsten, die ich je gesehen habe. Dichte Wildnis, kleine, sehr malerische Dörfer, in denen das Leben weitab von Moskau einem ganz anderen, stilleren Rhythmus folgt. Es lohnt sich, kleine Ausflüge in die Wildnis zu machen. Hier ist noch weitgehend unberührte Natur. Von Fremdenverkehr und Tourismus hat noch niemand etwas gehört. Die Dorfbewohner sind überaus freundlich, viele sogar ein wenig verschüchtert. Wir waren das erste „Touristenschiff", das überhaupt in dieser Gegend auftauchte. In der Gegend zwischen Powenetz, einem kleinen Städtchen, an dem man in

Noch unter Stalin gebaut: Schleuse im Weißmeerkanal.

Ein Dorf am Rande des Weißmeerkanals.

die erste Schleuse des Weißmeerkanals einfährt, und Belomorsk am Weißen Meer, wo man, nachdem sich die Tore der 19. und damit letzten Schleuse öffnen, hinaus aufs Weiße Meer blickt.

Natürlich sind viele erstaunt über unser merkwürdiges Schiff. Ganz besonders über dieses merkwürdige Ding, das da am Heck auf einer Plattform steht und wie ein großer weißer Teller in der Sonne aufstrahlt. Unsere „Satellitenschüssel". Ein Kollege einer großen russischen Regionalzeitung im Norden, der einen Artikel über uns veröffentlichte, schrieb: „Die Deutschen machen das wie die Amerikaner. Die sind einmal auf dem Mississippi gereist und sendeten mit einer solchen Schüssel an Land!" Das mit den Amerikanern hatte er als Kompliment gemeint.

Und immer wieder kleine Begegnungen, wie die mit Lena an Schleuse 12 des Kanals. Lena, eine junge Frau um die 20 Jahre und Schleusenwärterin, war zunächst offiziell und ziemlich barsch, als ich, gemeinsam mit meinem russischen Kollegen Igor, die Treppe zu ihrem Kontrollturm hinaufstieg, um ein Schwätzchen zu halten. Kaum hatten wir die ersten Stufen hinter uns gebracht, erschien sie oben an der Tür:

„Sie kehren sofort um, Sie haben hier nicht das geringste zu suchen, basta!" Ohne Frage eine herbe Begrüßung. Die junge Frau blieb noch einen Augenblick stehen, drehte sich dann auf dem Absatz herum und knallte die Tür zum Kontrollraum zu. Peng! Wir erlaubten uns trotzdem, die Treppe ganz hinaufzusteigen, um wenigstens noch einen Blick in den Kontrollraum werfen zu können, bevor unser Schiff ganz durchgeschleust war und wir schnell wieder zur Weiterfahrt an Bord mußten. Drinnen offenbarten sich die Schwierigkeiten. An dem großen, noch aus den dreißiger Jahren stammenden Schaltpult mit riesigen Knöpfen stand sie, und neben ihr saß auf dem Stuhl ein etwas abgerissener junger Mann, der reichlich betrunken war.

Unsere Satellitenschüssel.

„Habt ihr was zu rauchen?" quetschte er zwischen den
ziemlich schadhaften Zähnen hervor. Kein Problem, da ich
nach zwei Jahren Abstinenz leider wieder unter die Raucher zurückgekehrt bin. Ich reichte ihm einige Zigaretten.
Er kam mir dabei auf Socken ein paar Meter entgegen. Die
Schuhe mußte er irgendwo anders abgestellt haben. Diese
Aktion lockerte das „Klima" entschieden auf. Im Laufe der
nächsten Minuten wurde der Grund für die etwas heftige
Begrüßung durch die junge Frau, die sich als Lena vor-
stellte, deutlicher. Offenbar gab es „häusliche" Schwierigkeiten. Der betrunkene junge Mann war nicht Lenas Ehe-
mann, sondern der Freund. Und das ganze schien sich zu
einer komplizierten Affäre ausgewachsen zu haben. Trotz-

35

Schleuse 12 am Weißmeerkanal: „Der Leningrader" in einer der
Schleusenkammern.

Das Maschinenhäuschen.

Schleusenmechanik – seit den dreißiger Jahren unverändert.

dem zeigte uns Lena nach einigen Komplimenten ihr Schaltpult, auf dem alte, blank geputzte Messingschildchen blitzten.

„Das ist nicht so schwierig zu bedienen", meinte sie etwas geschmeichelt und rückte ihre gelblich-braune Dienstschwimmweste zurecht, die ihr bis weit über die Hüften reichte und ihrer Figur nicht die geringste Chance ließ. Sobald ein Schiff ganz in die Schleuse eingefahren war und festgemacht hatte, ließ sie die Schleusentore zufahren. Ein weiterer Knopfdruck öffnete zwei seitlich in den Fels gesprengte, unterirdische Kanäle, durch die das Wasser mit großem Druck von unten her in die Schleusenkammer schoß und das Schiff nach oben trug. Alle Schleusen des Weißmeerkanals zusammen überwinden auf diese Weise immerhin 70 Meter Höhenunterschied auf der gesamten, über 200 Kilometer langen Strecke.

Lena griff zu ihrem Funkgerät und versuchte, zu unserem Schiff Verbindung aufzunehmen.

„Leningrader, Leningrader, hören Sie mich?" Doch offenbar hörte sie unser Kapitän vom „Leningrader" nicht. Da nahm Lena ihr Funkgerät in beide Hände und schüttelte es heftig. Sie wurde rot dabei.

„Manchmal funktioniert das Ding halt nicht so richtig!" sagte sie etwas verlegen und schüttelte es noch einmal hin und her. Dann klappte es.

„Ja", antwortete unser Kapitän Juri Iwanowitsch höflich und korrekt. „Ich höre Sie und warte auf Anweisungen!" Sie gab ihm routinemäßig ein paar Details durch. Dann drehte sie sich wieder zu uns herum.

„Ihr müßt jetzt gehen, sonst verpaßt ihr euer Schiff. Das darf nicht in der Schleuse liegenbleiben und auf euch warten!"

Also verabschiedeten wir uns rasch, um Lena nicht in weitere Schwierigkeiten zu bringen. Eine sehr menschliche Begegnung bei Schleuse 12 des Weißmeerkanals.

Der Hafen von Belomorsk.

Bei jeder dieser Schleusen liegt ein kleines Dörfchen. Und natürlich sind auch sie von der Wirtschaftskrise Rußlands stark betroffen. Der Schiffsverkehr auf dem Weißmeerkanal hat stark abgenommen. Drei, manchmal vier Schiffe am Tag ist inzwischen die Regel. Weit weniger als zu Zeiten der alten Sowjetunion. Damals wurden auch hier nach dem großen Staatsplan Ladungen verschifft, selbst wenn das mit Wirtschaftlichkeit nichts zu tun hatte. Es war eben so geplant. Das hat sich geändert. Viele Werke und Holzverarbeitungskombinate stehen still oder arbeiten mit halber Kraft. Die Bevölkerung in den Dörfern aber lebt von diesen Fabriken und Kombinaten. In dem kleinen Dörfchen neben der Schleuse 9 sind vier von 14 arbeitsfähigen Männern arbeitslos. Die anderen sind mit der Schleuse beschäftigt. Neben der Schleuse liegt ein kleines Elektrizitätswerk, das früher außer dem Dorf auch das Straflager mit Strom versorgt hat. Inzwischen ist es abgestellt. Viktor Kusnetzow, der zugleich Chef der Schleuse und Bürgermeister des kleinen Dörfchens ist, meint:

„Es ist billiger, wenn wir den Strom vom nächsten großen Kraftwerk beziehen, statt den Betrieb unseres kleinen aufrechtzuerhalten." So stirbt eine zauberhafte Gegend langsam und still vor sich hin. Für die Älteren aus den Dörfern besteht kaum eine Chance, diese Gegend zu verlassen. Und der Staat hat kein Geld, um die Gegend wirtschaftlich am Leben zu halten. So ist das Schicksal des Dörfchens von Viktor Kusnetzow, aber auch sein eigenes vorgezeichnet. Es geht ihnen wie vielen damaligen Häftlingen aus dem Straflager – es ist Endstation bei Schleuse 9.

IV.

Die Kirchen von Kishi

Fast eine Woche sind wir nun schon auf unserer spannenden Reise unterwegs. Zu meiner Überraschung reagieren die Zuschauer der „ARD Tagesthemen" sehr intensiv auf unsere Berichte. Offenbar ist der Zauber, sind die traumhaften Bilder des russischen Nordens, meisterhaft von unserem russischen Kameramann Wolodja Gritschischkin eingefangen, doch in Deutschland „angekommen". Und das, obwohl wir diese Gegend eigentlich noch ein paar Wochen früher hätten bereisen sollen. Denn besonders im Juni und Juli entfaltet sich die regelrechte Magie der „weißen Nächte". Nächte, in denen es wegen der Nähe zum Polarkreis nie vollständig dunkel wird. Der Sonnenuntergang geht direkt in den Sonnenaufgang über. Eine eigenartige Stimmung. Der Körper scheint sich automatisch auf dieses Naturphänomen einzustellen und kommt mit weniger Schlaf aus als sonst. Unser Schiff bleibt deshalb fast die ganze Nacht über „lebendig", da sich keiner von uns in die Kajüte zum Schlafen zurückziehen will. Mir geht es auch so. Besonders, da ich diese „weißen Nächte" zum ersten Mal erlebe. „Der Leningrader" zieht um Mitternacht leise an den rot und golden umglänzten Wäldern des Nordens vorbei. Durchkreuzt den Wygsee, der ein Teil des Weißmeerkanals ist. Torfinseln schwimmen vorüber. Der Torf hat sich vom Seegrund gelöst und treibt nach oben. Mit der Zeit siedeln sich dort Pflanzen und schließlich sogar kleine

Mit der Cutterin Irene Homolla in der Kabine – ein neuer Film für die „Tagesthemen" entsteht.

Bäume an. An beiden Ufern ist nirgendwo ein Licht zu sehen. Der Norden ist eine dünn besiedelte Gegend. Während später auf unserer Reise der Wasserweg auch durch große Seen hindurch mit Leuchtbojen versehen ist – hier oben im Norden gibt es das nicht. Durch die weißen Nächte brauchen wir aber unsere Fahrt nicht zu unterbrechen. Unser Kapitän Juri Iwanowitsch Koslow und seine Mannschaft fahren diese Route auch zum ersten Mal. Doch er hat sich selbstverständlich genaueste Karten der Wasserwege besorgt. Sie liegen auf einem Tisch oben auf der Brücke, über dem er ein Lämpchen angeknipst hat. Er und sein Steuermann tauschen sich immer wieder über den Kurs aus.

„Das ist schon eine ziemlich einmalige Reise, die ihr da macht", sagt er, als wir gemeinsam auf der Brücke stehen. Dabei zieht er an seiner Papyrossi-Zigarette, die ich zunächst mit einer Machorka verwechselt hatte.

„Machorka, Thomas, das sind dick gerollte Tabakblätter, die man direkt raucht", meint er grinsend und zeigt mir seine Zigarette. Ein Röhrchen aus Pappe, das er durch einen Druck mit Daumen und Zeigefinger eingeknickt hat. Das Röhrchen geht in eine knapp drei Zentimeter lange, dicke Zigarette über. Der Tabak verbreitet einen ziemlich herben Geruch und ich belasse es, obwohl selbst Raucher, bei einer Versuchszigarette. Sie ist mir einfach zu stark. Die Marke seiner Papyrossi heißt übrigens ins Deutsche übersetzt: „Weißmeerkanal".

„Nein, das ist schon eine einmalige Reise, die ich trotz meiner 30 Schiffahrtsjahre selbst noch nicht gemacht habe. Ich kenne zwar einzelne Streckenabschnitte dieser Reise, vor allem auf der Wolga. Aber hier oben war ich selbst noch nie. Das war ja alles Sperrgebiet, wie du weißt!"

Juri Iwanowitsch ist ein eher weicher, sehr angenehmer Mann. Was ihm fehlt, ist ein guter Zahnarzt. Dann hätte er noch ein paar Zähne mehr und die verbliebenen trügen nicht so dicke schwarze Ränder. Aber Juri Iwanowitsch stört das nicht. Daß er ein eher weicher Mann ist, wird uns später noch ein bißchen Arbeit kosten. Nämlich dann, wenn wir in einen anderen Bereich der sogenannten Schiffahrtsverwaltung kommen. Am südlichen Ende des Weißmeerkanals, aber auch später auf der Wolga, wo uns immer wieder sogenannte Schiffsinspektionen blühen werden. Obwohl das allgemeine Verwaltungswirrwarr sowieso niemand durchschaut, scheint es uns, daß diese Inspektionen vor allem einen Zweck haben: Klarzumachen, wer das Sagen hat und wer im übrigen in der entsprechenden Region das spärliche Touristengeschäft bedient, sofern es das überhaupt gibt. Hier oben im Norden ist außer ein paar winzigen Anfängen noch nichts davon zu spüren. Wer immer diese Reise, vor allem in den Norden hoch ans Weiße Meer, unternehmen möchte, die ideale Zeit dafür sind also die Monate Juni und Juli, allerspätestens noch der

Die beiden Kirchen und der Glockenturm von Kishi.

Beginn des August. Der Kanal selbst wird ab November geschlossen, da er dann zufriert und die Schleusen nicht mehr betrieben werden können. Erst im Mai ist dieser Wasserweg wieder schiffbar.

Am südlichen Ende des Weißmeerkanals kommt es dann bei dem Städtchen Powenetz bei der Schleuse Nummer eins zur ersten sogenannten Inspektion des Schiffes, während wir unsere Sendeanlage auf der Mole aufbauen, da wir am Abend live in die „Tagesthemen" senden werden. Doch die Sendeanlage interessiert die Herren nicht. Sie gehen direkt auf die Brücke und bitten unseren Kapitän zu sich in das Gebäude der „Kanalverwaltung". Es scheint sich tatsächlich mehr darum zu handeln, unserem Kapitän und der

St. Petersburger Firma, die das Schiff betreibt und von der wir es für diese Reise gemietet haben, klarzumachen, wer hier oben das Sagen hat. Aber das Problem läßt sich mit der in ganz Rußland bewährten Methode „begleitender Maßnahmen" von Wodka bis Valuta beheben. Am nächsten Morgen lassen wir mit einem kleinen Abschiedsschmerz den Weißmeerkanal hinter uns. Und damit eine Gegend, die noch in tiefem Schlaf liegt und darauf wartet, daß sie erschlossen wird.

Doch auch der Onegasee, in den wir nun hineinfahren, ist von großer Schönheit. Mit schärenartigem Ufer und vielen kleinen Inseln. Rund 70 Kilometer vor der Hauptstadt der Provinz Karelien, Petrosawodsk, taucht sie dann aus dem Morgennebel auf: die Insel von Kishi. Es ist ein faszinierender Anblick. Denn die Insel wird dominiert von großen Kunstwerken russischer Holzarchitektur, den beiden Kirchen von Kishi und dem daneben erbauten Glokkenturm. Ich habe Holzbauten von solcher Schönheit und Eigenart bis dahin noch nicht gesehen. Die 22 Kuppeln der Christi-Verklärungskirche türmen sich pyramidenartig in den Himmel und tragen einen großen Zwiebelkopf, der das Bauwerk nach oben abschließt. Alle Kuppeln sind mit Schindeln aus Holz bedeckt, die durch Sonne, Wind und Regen silbergrau geworden sind. Die Kirche gilt auch unter Fachleuten und Architekturhistorikern als das schönste Bauwerk des russischen Nordens. Einige russische Künstler sagen, sie sei nur noch mit der Basilius-Kathedrale in Moskau auf dem Roten Platz zu vergleichen. Das ganze Ensemble der Kirchen von Kishi wurde am 12. Dezember 1990 in die Liste der UNESCO als Kulturdenkmäler von Weltrang aufgenommen. Ende 1992 schließlich in die Liste jener Denkmäler, die dringend und rasch einer Renovierung bedürfen, um ihren Erhalt als „Kulturdenkmal der Welt" zu sichern.

Die Kirchen selbst wurden auf einem „heidnischen"

Die Kuppel – ohne einen einzigen Nagel erbaut.

Karelisches Bauernhaus auf Kishi.

Die Kathedrale – ein Meisterwerk karelischer Holzarchitektur.

Kultplatz errichtet. Jedenfalls weist der Name der Insel darauf hin, die, wie fast der gesamte Norden, viele Jahrhunderte lang von finnisch-ugrischen Stämmen besiedelt war: „kizha-suari", was sich in etwa als „Insel der Spiele" ins Deutsche übertragen läßt. Historiker nehmen an, daß dies eine Stätte war, wo die Ureinwohner dieser Gegend Naturgöttern mit Tänzen, Gesängen und Opfern gehuldigt haben. Um die Jahrtausendwende geriet die Region dann unter den Einfluß der immer mächtiger werdenden Handelsstadt Nishni Nowgorod. Dennoch dauerte es noch einmal zwei Jahrhunderte, bis die Christianisierung, beginnend mit der Missionierung durch den Mönch Lazarus, auch den russischen Norden erreichte. Er baute eine kleine Kirche, die später von einer der Nachbarinseln nach Kishi gebracht wurde und dort heute noch zu bewundern ist. Noch vor 200 Jahren galt diese Kirche als wunderwirkend und war Ziel zahlreicher Wallfahrer. Die große „Christi-Verklärungskirche", die der Insel ihr optisches Gepräge gibt, wurde 1714 erbaut – nur aus Holz und ohne einen einzigen Nagel zu verwenden. Jedenfalls wird es so berichtet. Und die Bewohner der Insel halten auch eine Legende über die Fertigstellung des Baus bereit. Der Baumeister der Kirche, der sie entworfen haben soll, ein Herr namens Nestor, soll nach der Vollendung seine Axt in den Onegasee geworfen und ausgerufen haben: „Eine Kirche von solcher Schönheit gab es noch nie und wird es auch nie wieder geben!" Aber auch ohne diese Legende ist die Kirche schön genug. Von innen kann sie leider nicht besichtigt werden, da sie erst renoviert werden muß und in ihrem gegenwärtigen Zustand die Belastung der Besucher nicht aushalten würde. Neben der „Christi-Verklärungskirche" steht eine kleinere und architektonisch schlichter gehaltene: die etwas jüngere und immer wieder leicht umgestaltete „Maria-Schutz-und-Fürbitte"-Kirche. Sie trägt 9 Kuppeln, ergänzt das Ensemble außerordentlich schön und unter-

Erfrischungsstand in Kishi.

streicht die Eigenart der gesamten Anlage. Sie enthält eine
wunderbare Sammlung alter Ikonen. Ein Teil der Insel ist
heute in durchaus liebevoller Weise als Freilichtmuseum
gestaltet. Windmühlen und alte karelische Bauernhäuser
aus der Umgebung wurden herübergebracht und wieder
naturgetreu aufgebaut. Nach langer Vernachlässigung
wird die Insel von Kishi nun vorbildlich betreut. Und der
Tourismus hat sogar einige Dörfer auf der kleinen Insel
wiederbelebt. Dort wohnen inzwischen wieder ganze Familien, die das „Freilichtmuseum" betreuen. Um es attrak-
tiv zu machen, haben sie sich samt ihren Kindern und Jugendlichen das Konzept eines „lebenden Museums" ausge-
dacht. In den einzelnen Bauernhäusern präsentieren sie in
historischen Kostümen karelische Volkskunst einschließlich alter Tänze und Gesänge. Ich selbst bin kein allzu großer Freund solcher Inszenierungen. Aber hier auf Kishi
wird das Ganze in den Sommermonaten mit einem wirk-

49

lich unaufdringlichen Charme präsentiert, der sich sehr von den üblichen Touristenattraktionen, denen man in Europa begegnet, unterscheidet. Mit anderen Worten, dies alles ist in der Tat einen Besuch wert.

Wir schlendern nach Erledigung der Dreharbeiten noch ein wenig über die Insel. Am Ufer zum See liegen mehrere Dörfer. Die Häuser sind ebenfalls alte Bauernhäuser, allerdings wieder restauriert und mit wirklichem Leben erfüllt. Ein Kindergarten und eine kleine Grundschule mit einer jungen russischen Lehrerin. Sie ist absichtlich auf die Insel gekommen, meint sie, als ich mich auf ein längeres Gespräch mit ihr einlasse. Sie ist fasziniert von der Natur und lebt zusammen mit einigen jungen Leuten in einem der Bauernhäuser.

„Ich kenne keine schönere Gegend als diese hier", sagt sie ruhig und mit tiefer Überzeugung. Sie hat in der karelischen Hauptstadt Petrosawodsk studiert, aber dann dort keine Zukunft mehr gesehen.

„Hier haben wir alles, hier braucht man nicht viel Geld. Und wenn mal jemand wirklich ernsthaft krank wird und dringend Hilfe braucht, kann er mit dem Hubschrauber von hier geholt werden und ist in knapp 30 Minuten in Petrosawodsk, der nächsten großen Stadt!" Sie sagt das mit einer solchen Ruhe und einem solchen Vertrauen dazu, daß dieser ominöse Hubschrauber auch tatsächlich angeflogen kommt, wenn man ihn dringend braucht, daß ich tatsächlich vergesse nachzufragen, ob sie denn wirklich keinen Zweifel daran hat. Drinnen in dem alten Bauernhaus, auf dessen Eingangsstufen wir sitzen, beschäftigt sich eine Kindergärtnerin mit den 10 kleinen Kindern des Dorfes und liest ihnen karelische Märchen vor. Auf einem kleinen Bänkchen vor dem Nachbarhaus sitzt ein alter Mann. Er galt hier früher als der beste Bootsbauer der Insel. In der Außentasche seiner abgerissenen Joppe steckt eine Wodkaflasche. Er brabbelt vor sich hin, als ich ihn an-

Junge Frau in Kishi.

zusprechen versuche. Das Alter und der Wodka haben ihre Spuren hinterlassen. Doch er wird von den anderen Dorfbewohnern und denen mitversorgt, die hier ihre Datschas, also ihre „Wochenendhäuser" haben. Obwohl diese deutsche Übersetzung die Bedeutung einer russischen Datscha nicht recht wiedergibt. Denn eine Datscha kann alles sein. Eine wackelige Holzhütte, eine Art Gartenhaus, aber auch ein regelrechtes Wohnhaus, in dem man, wenn irgend möglich, den Sommer verbringt. Viele Moskauer Familien leben so. Hier draußen auf der Insel Kishi trifft der Begriff „Wochenendhaus" vielleicht sogar noch am ehesten zu. Wer diese Insel besucht, es gibt übrigens durchaus organisierte Schiffstouren dorthin von St. Petersburg, aber auch von Petrosawodsk aus, wer diese Insel aufsucht, sollte unbedingt auch eines jener kleinen Dörfer besuchen und nicht nur den „rein touristischen Teil" um die Kirchen herum absolvieren. Das wirkliche Leben beginnt erst in diesen Dörfern und ist mindestens so sehenswert wie die wunderschönen Kirchen.

Auf dem Weg aus dem Dorf zurück zur Schiffsanlegestelle, wo auch unser „Leningrader" liegt, kommen wir an zwei verfallenen Garagen und einem alten, aber frisch und knallrot angestrichenen Feuerwehrauto vorbei. Auf dessen Dach sind Feuerwehrschläuche angebracht, die allerdings nicht mehr den allerbesten Eindruck machen. Am Ufer liegt eine kleine, mehr oder weniger provisorische Anlegestelle aus Eisenpontons. Sie ist mit Drahtseilen an den Uferbäumen vertäut. Ein kleines und ziemlich zerbeultes Motorboot hat dort angelegt. Auf dem Heck hinter der Blechkajüte sitzen drei Männer, die „Kascher", eine Art gewürzten Reisbrei essen, in den einigermaßen ominös aussehende Fleischteilchen gemischt sind. Dazu lassen sie kräftig die Wodkaflasche kreisen. Wir kommen schnell ins Gespräch. Es sind drei Feuerwehrleute von einer der Nachbarinseln. Ein paar Monate lang hat ihnen der Staat schon kein Gehalt mehr gezahlt. Also helfen sie sich selbst und fischen schwarz. Den Fang verkaufen sie dann auf irgendeinem der Märkte auf den Inseln. Viel Geld bringt das nicht, aber immerhin doch soviel, daß sie irgendwie durchkommen. Die drei haben schon ordentlich gezecht und sind außerordentlich fröhlich. Ihre Lage ist trotzdem prekär. Wenn sie überhaupt Lohn vom Staat ausgezahlt bekommen, dann sind das im Monat umgerechnet rund 50 Mark. Davon zu leben ist eigentlich nicht möglich, wenn man nicht doch noch andere Mittel und Wege findet, um zu Geld zu kommen. Auch nach über zwei Jahren Leben in Rußland wundere ich mich immer noch, warum das nicht eine soziale Explosion verursacht. Weniger hier draußen in der Abgeschiedenheit des russischen Nordens, aber doch wenigstens in den großen Städten. Aber vielleicht wird es dazu noch kommen, wenn sich erst einmal jene Arbeitslosigkeit einstellt, die bisher nur gut versteckt ist. Wenn die großen Werke gezwungen sind, tatsächlich zu schließen oder Personal zu entlassen, weil sie nicht mehr produzieren können, da ihre nicht mehr konkurrenzfähigen Produkte niemand mehr kauft. Daß es dazu kommt, daran kann es keinen Zweifel geben.

Meine drei schwarzfischenden Feuerwehrleute fragen mich immer wieder aus, wie denn das alles in Deutschland sei. Was es dort für Feuerwehrleute gebe und ob es vorkomme, daß der Staat seine Angestellten monatelang nicht bezahle. Ich sage: „Nein, das habe ich noch nicht erlebt in Deutschland, obwohl es nach dem Krieg sicher schlimm war!" Ich muß zugeben, daß mich solche Fragen immer verlegen machen. Fast so, als ob ich mich schämte. Und manchmal tue ich das wirklich. Besonders bei älteren Menschen. Sie haben vielleicht ihr ganzes Leben lang gearbeitet so gut sie es unter diesen Umständen gelernt haben oder so gut sie es eben vermochten. Mit dem Ergebnis, am Lebensabend vor dem Nichts, ja vor dem sozialen Elend, dem Absturz in echte Armut zu stehen, wie es heute in Rußland mindestens einem Drittel der Bevölkerung ergeht. Wie damit umgehen als gut bezahlter Reporter aus Deutschland? Die drei Schwarzfischer haben bemerkt, daß ich ins Grübeln gekommen bin. Einer schlägt mir kräftig auf die Schulter und hält mir lachend das randvoll gefüllte Wodkaglas unter die Nase. Ich bin ihm dankbar dafür. Trotzdem schaffe ich es mal wieder nicht, es in einem Zug zu leeren. Aber auch nach der Hälfte ist mir erheblich leichter. Fische hätten sie heute noch keine herausgezogen, sagen sie, deshalb würde es jetzt Zeit, daß sie sich auf den Weg machten. Sie verstauen die Wodkaflasche in einem alten Autoreifen, löschen den Karbidkocher, der den „Kascher" warmgehalten hat, und machen sich daran, abzulegen. Ich klettere ans Ufer zurück, wo meine grienenden Kollegen warten, die natürlich registriert haben, daß ich mal wieder kein ganzes Glas geschafft habe. Ich brumme irgendwas vor mich hin und drehe mich dann schnell um zu den ablegenden Feuerwehrleuten.

„Wiedersehen, bis bald mal wieder!" rufen sie von ihrem Schifflein herunter und tuckern mit immer wieder stockendem Motor davon.

V.

Russische Seefahrt

Unser nächstes Ziel ist Petrosawodsk, die Hauptstadt der russischen Provinz Karelien. Karelien besitzt innerhalb der „Russischen Föderation", so der offizielle Name Rußlands heute, den Status einer sogenannten „Autonomen Republik". Das ist ein etwas verwirrender Begriff. Es hat wenig Sinn, wenn wir uns an dieser Stelle auf eine verfassungsrechtliche Diskussion einlassen. Das ist selbst für Verfassungsjuristen und Staatsrechtler kompliziert. Zum besseren Verständnis nur soviel: Der gewaltige Umbruch in Rußland während der letzten Jahre seit dem Zusammenbruch der Sowjetunion hat auch das Staatsgefüge grundlegend verändert. Zu Zeiten der alten Sowjetunion galt der Begriff der „Autonomen Sozialistischen Sowjetrepublik" vor allem für jene Länder, die heute längst unabhängige Staaten sind, wie etwa die Ukraine, die baltischen Staaten oder Kasachstan. Natürlich war die „Autonomie" Augenwischerei, denn die eigentliche Macht übte immer die Moskauer Zentrale aus, und die war letztlich identisch mit der Kommunistischen Partei der Sowjetunion, der KPdSU. Auch wenn die „Autonomen Sozialistischen Sowjetrepubliken" eigene Parlamente und die jeweilige Gliederung der Partei ein eigenes ZK (Zentralkomitee) besaß – in Wirklichkeit übte Moskau die Macht aus. Viele Jahre übersehen wurde, daß das gleiche Prinzip auch für Rußland selbst galt. Auch in Rußland gab es zahlreiche „Autonome

Republiken", „Autonome Regionen, Gebiete und Kreise".
In genau dieser Konstruktion steckte ein Sprengsatz, der
Rußland besonders im Jahr 1993 fast auseinandergerissen
hätte. Jedenfalls hatte es eine Zeitlang den Anschein.
Warum?

Das Auseinanderbrechen der Sowjetunion hatte überhaupt erst jenen Blick auf ein Kräftefeld freigegeben, der
vorher verstellt war. Verstellt durch den Kampf der „Sowjetrepubliken" außerhalb Rußlands um Unabhängigkeit.
Ganz besonders der baltischen Staaten, aber auch Ländern
wie Aserbaidshan und Georgien. In dem Maße, in dem
diese Länder mit dem Auseinanderbrechen der Sowjetunion ihre tatsächliche Unabhängigkeit erreichten, er-
wachte auch innerhalb Rußlands in den einzelnen Regionen ein neues Selbstbewußtsein und, natürlich, ein Kampf
um Macht und Einfluß. Ein Kampf, der innerhalb Rußlands im wesentlichen von den Mitgliedern der alten Nomenklatura, also von der Kaste der alten Partei- und Wirt-
schaftsfunktionäre, betrieben wurde. Inzwischen zeigt sich
noch deutlicher als im Jahr 1993, dem Jahr des blutigen Ok-
toberaufstands in Moskau, daß dies ein taktisches Spiel
ohne echte Perspektive darstellte. Das war in der russischen Provinz Karelien, der „Karelischen Autonomen Republik", nicht anders. Der „Oberste Sowjet" in der Hauptstadt Petrosawodsk, also das Parlament, gab sich einen
Präsidenten, der seinerseits wiederum dem russischen Präsidenten Boris Jelzin mit dem offiziellen Austritt aus der
Russischen Förderation drohte, wenn nicht umgehend die
eine oder andere wirtschaftliche und politische Forderung
erfüllt werden würde. Dahinter stand vor allem die Forderung nach mehr Geld und Staatskrediten. Eine andere
„Autonome Republik" in Rußland namens Tatarstan tat
sich mit ähnlichen Forderungen hervor. Sie taufte sich sogar um in „Souveräne Republik Tatarstan" und drohte,
ebenfalls aus der Russischen Förderation auszutreten. Eine

Provokation, gegen die sich Jelzin sofort zur Wehr setzte. Er werde auf gar keinen Fall einen Austritt dieser „Republiken" aus der Russischen Förderation hinnehmen, dröhnte er aus dem Kreml. Er hatte auch gar keine andere Wahl. Denn ein solcher Schritt hätte automatisch das Ende Rußlands als festumrissenes Staatsgebilde nach sich gezogen, mit Konsequenzen, die kaum vorstellbar sind. Es ist vielleicht eine Ironie der Geschichte, daß Boris Jelzin, der Widersacher Gorbatschows, just in die gleiche Rolle geriet, die Gorbatschow bis zum Auseinanderbrechen der Sowjetunion innehatte. Ein Kampf, den Gorbatschow dann verlor. Boris Jelzin, soviel läßt sich heute trotz aller raschen Wandlungen in Rußland immerhin sagen, hat zumindest diesen Kampf innerhalb der russischen Grenzen gewonnen. Natürlich und vor allem deshalb, weil sein Kampf auf einer völlig anderen Grundlage ausgetragen wurde. Wie immer sich die einzelnen Provinzen innerhalb der Russischen Förderation auch nennen mögen, allein und getrennt von Rußland ist nicht eine davon wirklich lebensfähig. Weder wirtschaftlich noch politisch. Dazu kommt: Keine dieser Provinzen ist ethnisch so eindeutig von einer einzigen Volksgruppe beherrscht, daß eine solche „Sezession" wenigstens entlang ethnischer Grenzen denkbar wäre. Ganz abgesehen von der Absurdität realer Staatsgrenzen innerhalb Rußlands. Doch immerhin, eine Zeitlang wurde von der alten Nomenklatura mit diesem Feuer gespielt. Sie rangen Jelzin in der Ende 1993 durch ein Referendum verabschiedeten neuen „Verfassung der Russischen Förderation" einige Zugeständnisse an die „Autonomen Republiken, Regionen und Gebiete" ab. Sie nennen sich nun „Subjekte der Russischen Förderation", insgesamt 88 an der Zahl, und haben sich eine ganze Reihe von Freiheiten erkämpft.

In Karelien selbst leben weniger als eine Million Menschen, und dies verstreut über die vergleichsweise riesige

Fläche von 170 000 Quadratkilometern. Von dieser Bevölkerung sind über 60 Prozent Russen, der Rest setzt sich aus finnischen und einigen anderen ursprünglich skandinavischen Volksstämmen zusammen. Tausende kleinerer und größerer Flüsse und hunderte von Seen prägen die Landschaft. All das zeigt – für ethnische oder ethnopolitische Spannungen größeren Ausmaßes fehlt jede Grundlage. Und die dafür nötige Infrastruktur. Denn Seen, Wildnis und Sümpfe und eine ebenso punktuell wie einseitig ausgeprägte Wirtschaft sind keine sonderlich geeigneten Voraussetzungen für Autonomie- oder gar Sezessionsbestrebungen. Ich habe während der Reise mit vielen Menschen über dieses Thema gesprochen. Aber außer einem in den letzten Jahren gestärkten Regionalstolz habe ich nirgendwo stärkere Bestrebungen angetroffen. Mir scheint also, daß diese Zeitbombe entschärft ist, wenn sie denn, bei aller Irrationalität der russischen Entwicklung, überhaupt je wirklich einen funktionierenden Zündmechanismus besessen hat. Ich glaube das nicht. Um so größer ist der Zauber der Landschaft. Erst während unserer Schiffsfahrt wurde mir gänzlich klar, daß die einzig richtige Art, diesen Teil Rußlands zu erleben, die Reise mit dem Schiff ist. Am besten angereichert durch Abstecher in die riesigen Wälder, in die kleinen Dörfer und zu den etwas abseits liegenden Staudämmen und Wasserfällen.

Nur schwer können wir uns am frühen Nachmittag eines wunderschönen Sonnentages von Kishi und den idyllischen Nachbarinseln trennen. Ein Bad im kühlen Onegasee und die sich danach einstellende Müdigkeit erleichterten uns den Abschied wenigstens ein bißchen. Und natürlich auch die Neugier auf das, was noch kommen sollte.

Von einem russischen Kollegen hatte ich die Information erhalten, daß es bei Petrosawodsk an den Ufern des Onegasees etwas ganz besonderes geben soll: alte russische

Der Segler „Heiliger Nikolaus" im Hafen von Petrosawodsk.

Segler. Ich selbst gehöre nicht zu dem Völkchen der leidenschaftlichen Segler oder gar Seefahrer. Trotz dieser Schiffsreise habe ich bei aller Abenteuerlust normalerweise lieber festen Boden unter den Füßen. Aber der Anblick eines alten, ganz aus Holz gebauten Segelschiffs erweckt auch bei mir durchaus romantische Gefühle.

Wie ein Relikt aus alter Zeit liegt der Dreimaster „Heiliger Nikolaus" an der Mole einer Werft im Hafen von Petrosawodsk. Umgeben von einer Menge stählernem Schiffsschrott dieser dahinsiechenden Werft. Sie ist zwar von einem ehemaligen Staatsbetieb umgewandelt in eine Aktiengesellschaft, wie inzwischen viele Betriebe in Rußland. Das bedeutet allerdings noch längst nicht, daß sich an den alten Prinzipien und vor allem am Führungspersonal irgend etwas geändert hätte. Viele, wenn nicht die meisten, werden von den gleichen alten „roten Direktoren" geleitet, mit dem gleichen fehlenden Sachverstand und häufig mit noch größerer Unverschämtheit, soviel wie möglich in die eigene Tasche zu wirtschaften. Das beschleunigt dann in aller Regel den Zusammenbruch der sowieso schon maroden Betriebe. So sieht auch diese Werft aus. Vor sich hinrostende Lastkähne und Schlepper, dazwischen stehen ein paar Arbeiter herum. Um so merkwürdiger sticht in dieser Umgebung eines niedergehenden Industriebetriebes der Dreimaster hervor. Das Holz riecht nach Teer und Firnis. Unter dem Heck ragt ein großes Ruder aus dem Wasser, dessen gewaltige Pinne so dick ist wie ein kleiner Baum. Diese mächtige Ruderpinne bei schwerem Seegang zu halten, kostet vermutlich eine ganze Menge Muskelkraft. Dicke Schiffstaue liegen fein säuberlich aufgerollt um eiserne Poller. Das Holzwerk der Decksaufbauten und rund um die Einstiegsluke für den Zugang unter Deck haben die Schiffsbauer mit einfachen Schnitzereien verziert. Um die heruntergelassenen Rahen ist das dicke graue Segeltuch gewickelt und mit kräftigen Tauen festgezurrt. Das ganze

Ein Segelschiff für russische Künstler entsteht.

Fischerboote – wieder ganz aus Holz.

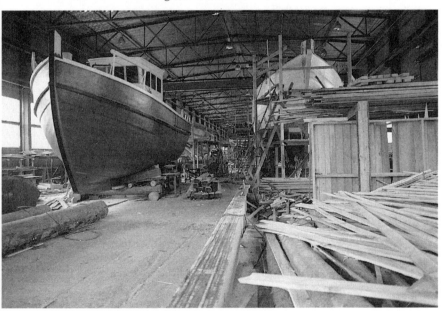

Schiff macht aber trotzdem nicht den Eindruck jener blitz-
blanken Ferienjachten, die man zum Beispiel in den Jacht-
häfen rund um das Mittelmeer antrifft. Im Gegenteil. Es
sah aus, als ob es auch tatsächlich gebraucht wird – ganz
ohne Zugeständnisse an die westliche und so säuberlich-
bunte Freizeitgesellschaft. Wer baut so etwas?

Ein paar Recherchen führen uns zu den Schiffsbauern
selbst. Auf dem Gelände der Petrosawodsker Werft haben
sie eine große Halle gemietet. Sobald man sie betritt, bietet
sich ein gänzlich anderes Bild als auf dem Gelände
ringsum. Der Lärm von Säge- und Schleifmaschinen
schlägt einem entgegen. 70 Handwerker bauen an drei großen Holzschiffen gleichzeitig. Eines davon wird ein mächtiger Segler, der am Ende ebenfalls mit drei Masten ausge-
stattet sein wird. Obwohl erst der Rumpf und ein Teil der
Deckaufbauten fertig ist, zeigt sich schon jetzt sein einigermaßen unkonventionelles Aussehen. Die Bullaugen der
Kajüte sind in unregelmäßigem Abstand in das Holz einge-
schnitten und nicht rund, sondern dreieckig.

„Dieses Schiff hat sich eine russische Künstlergruppe
bestellt, die irgendeinen Sponsor im Rücken hat. Das brauchen sie auch, denn wenn der Segler fertig ist, wird er rund
300 000 Dollar kosten, und das ist schließlich keine Klei-
nigkeit!"

Da hat Viktor Dmitrijew recht. In Rußland sind 300 000
Dollar für viele eine geradezu märchenhafte Summe. Dmitrijew ist ein kleiner, etwas untersetzter Mann um die 50
und voller Energie. Wie groß diese Energie tatsächlich ist,
läßt sich erst ermessen, wenn man die Geschichte seiner
Firma kennt. Es ist eine der ersten privaten Schiffsbaufir-
men Rußlands überhaupt und ganz gewiß die erste, die sich
ausschließlich auf den Bau von Holzseglern spezialisiert
hat. Und damit ist sie auch das genaue Gegenteil der früheren sowjetischen Stahl- und Tonnenproduzenten.

„Das begann schon in den frühen achtziger Jahren. Wir

waren eine kleine Gruppe von fanatischen Seglern und hatten uns in einem Klub organisiert. Schon weil wir keine andere Möglichkeit hatten, bauten wir uns unsere Segler selbst – zunächst natürlich nur kleine für den ‚Hausgebrauch'. Die örtliche Organisation der kommunistischen Partei beäugte uns zunächst ziemlich mißtrauisch. Vielleicht steckte ja hinter unserem Hobby irgend etwas Reaktionäres, Privatistisches. Aber dann merkten sie, daß sich viele junge Leute für uns interessierten und Mitglieder in unserem Klub wurden. Das wollte sich die Partei zunutze machen. Ich hatte nichts dagegen, wenn die Partei uns helfen wollte. Ohne das Wohlwollen der Partei wäre hier sowieso nichts gelaufen. Das war damals eben so!"

Viktor Dmitrijew ist von Hause aus Naturwissenschaftler und Ingenieur. Irgendwann hatte sich bei ihm schon in jungen Jahren die Leidenschaft für die Segelei entwickelt. Deshalb gründete er zusammen mit ein paar Freunden einen Segelklub. Er nahm die Hilfe der Partei gerne an, und die gab ihm erst einmal das nötige Geld. So hatte es der örtliche Funktionär verfügt, der dies gewiß unter dem Stichwort „propagandistische Maßnahme" abbuchte. Bis zum Beginn der Perestroika unter Gorbatschow im Jahre 1985 hatten sie sich bereits den ersten großen Segler gebaut – und zwar nach einem Vorbild aus dem 18. Jahrhundert. So kam es zu einer aus heutiger Sicht ziemlich paradoxen Situation.

„Ohne die finanzielle Hilfe der Partei hätten wir niemals den ersten großen Segler bauen können. Und diese Erfahrung war die Grundlage für unsere heutige Firma. Bald danach begann die Perestroika. Die hat zwar viel Gutes gebracht" – daran läßt Viktor Dmitrijew keinen Zweifel –, „aber heute würde der ziemlich bankrotte Staat uns keine 1000 Rubel Kredit geben können, weil er selber nichts hat. Ohne eine erhebliche Summe an Startkapital läßt sich aber so eine Firma gar nicht auf die Beine stellen. Andererseits, wenn es die Perestroika nicht gegeben hätte, hätten wir gar nicht die Freiheit gehabt, eine eigene Firma zu gründen, wie wir das vor ein paar Jahren getan haben!"

Dmitrijew hat mit etwas Glück und einer Menge eigener Initiative jene Klippen umschifft, an denen heute die meisten Unternehmungen scheitern. Eine Firma auf die Beine zu stellen geht nicht ohne Geld. Das ist aber nur von einer der wie Pilze aus dem Boden schießenden Banken zu bekommen, die ihre Kunden mit geradezu märchenhaften Zinssätzen ausplündern. Der russische Staat ist andererseits nicht in der Lage, billige Existenzgründungskredite zur Verfügung zu stellen, um eine mittelständische Wirtschaftsstruktur zu schaffen. Nach wie vor fließt das meiste Staatsgeld in Subventionen, um die riesigen Monopolbetriebe über Wasser zu halten. Dort arbeiten in den großen Industriezentren nicht selten bis zu hunderttausend Menschen oder gar noch mehr. Einen Zusammenbruch solcher Betriebe kann sich kein Politiker leisten, wenn er nicht soziale Spannungen provozieren will, die ihn am Ende selbst hinwegfegen würden. Es ist zwar mehr als wahrscheinlich, daß sich solche Spannungen sowieso nicht vermeiden lassen. Trotzdem hoffen viele Politiker noch auf einen zeitlichen Aufschub, mit dem es vielleicht gelingen wird, die schlimmsten Folgen abzufedern. Das bedeutet aber: Das einzig wirklich „Gesunde", der rasche Aufbau einer mittelständischen Wirtschaft in Rußland, verzögert sich weiter. Viktor Dmitrijew und seine Firma „Karelia Tamp" sind eines der wenigen Beispiele, die es ohne große staatliche Hilfe zumindest in der postkommunistischen Ära geschafft haben, eine florierende Firma auf die Beine zu stellen. Er ist selbst überrascht, wie groß das Interesse an solchen Schiffen, wie seine Firma sie baut, inzwischen sogar im Ausland ist. Doch auch das ist ihm nicht in den Schoß gefallen. Er und seine Crew haben regelrechte Werbefahrten mit dem ersten Segler unternommen – bis nach Kiel und Lübeck. Er kreuzte durch das Mittelmeer und brachte es sogar zu einer Audienz beim Papst. Überall, wo sie mit ihrem Schiff auftauchten, erregten sie sofort großes Interesse, was schließlich dann die ersten Auslandsaufträge und damit auch Devisen brachte. Eines seiner Schiffe ließ er mitsamt der Crew in Kiel im Hafen liegen und vermietete es stunden- und tageweise an Interessenten und Touristen. Auch das brachte ihm und seiner Firma zusätzliche Publizität und Geld. Sechs Wochen bevor wir ihn im Hafen von Petrosawodsk fanden, hatte er es sogar geschafft, einen internationalen Segelwettbewerb mit zahlreichen Gästen in Petrosawodsk aufzuziehen. Keine Frage, die Geschichte von Viktor Dmitrijew ist eine der im Augenblick nicht allzu zahlreichen Erfolgsstories in Rußland. Ein Erfolg, der auf Talent, Energie und Weitsicht sowie tatsächlicher Produktion beruht. Im Gegensatz zu vielen anderen „Erfolgsstories" junger russischer Geschäftsleute, sogenannter „businessmeni", deren Geldscheffelei allzu häufig auf Rohstoffschiebereien, Mafiaaktivitäten, illegalem Gold-, Diamanten- und Devisenhandel beruht. Der Ertrag landet in aller Regel auf irgendeinem Bankkonto im Ausland und finanziert den protzigen Lebenswandel jener dünnen Schicht, die dann, mit Fotos von halb oder ganz nackten Mädchen garniert, Schlagzeilen in einigen deutschen Boulevardzeitungen macht.

Interessant ist, daß sich Dmitrijews Aktivität mit einer anderen Zeitströmung trifft: der Rückbesinnung auf die Tradition und die historischen Wurzeln Rußlands. Eine dieser Traditionen des russischen Nordens war die Seefahrt. Schon der berühmte Zar Peter der Große, übrigens ein erklärtes Vorbild Boris Jelzins, ließ im russischen Norden zu Beginn des 18. Jahrhunderts bei Archangelsk Schiffe bauen, die er dann von seinen Soldaten zum Teil über Land bis zum Onegasee schleppen ließ, um damit die Schweden zu überraschen und in die Flucht zu schlagen.

Kinder in Petrosawodsk.

Die Kanonen für diese Schiffe wurden seinerzeit in einer Fabrik hergestellt, deren Bau Peter der Große selbst im Jahre 1703 angeordnet hatte – in Petrosawodsk. In den folgenden 100 Jahren galt diese Kanonenfabrik als eine der besten Europas. Später ist aus ihr im Zentrum von Petrosawodsk eine jener Traktorenfabriken geworden, die in den wirtschaftlichen Niedergang hineingerissen wurde und nur noch mit halber Kraft arbeitet – wenn überhaupt.

Die karelische Hauptstadt Petrosawodsk ist nicht allzu faszinierend. Dennoch ist sie einen Besuch wert, wenn man sich sowieso auf dem Weg in den Norden befindet und vielleicht eines der beiden sehenswerten Naturreservate „Martsialnye Vody" oder „Kivatsch" besuchen will. Die Stadt läßt sich gut mit dem Zug von St. Petersburg aus erreichen. Von Petrosawodsk aus verkehren im übrigen im

Sommer täglich schnelle Tragflächenboote, mit denen man in eineinhalb Stunden jene Insel erreicht, die mich so fasziniert hat: die Insel von Kishi mit ihren Holzkirchen. Sehr viel später auf unserer Reise werden wir bei der Wolgastadt Uljanowsk, der Geburtsstadt Lenins, noch einmal einen nach einem alten russischen Vorbild gebauten Segler treffen, der in Dmitrijews Firma entstanden ist. Die Mannschaft besteht aus vier ziemlich kräftigen und sympathischen Russen. Sie haben vor, über die Wolga und den Wolga-Don-Kanal ins Schwarze Meer und von dort aus dann ins Mittelmeer, nach Griechenland, zu fahren. Sie wollen ihren Traum verwirklichen und auf einer der griechischen Inseln überwintern, und mit ihrem Schiff dort tage- und wochenweise Touristen durch die Ägäis schippern. Sie sind voller Begeisterung. Ich freue mich für sie, daß die Verwirklichung dieses Traums heute möglich ist. Wieviel hat sich doch in den letzten Jahren verändert!

VI.

Ein Künstler als Pope

Rußland und seine Wurzeln verstehen – nichts ist dazu besser geeignet als die eigene Anschauung während einer solchen Reise. So bekommt man eben doch die besten Beurteilungskriterien an die Hand. Das hilft nicht zuletzt gegen die ungeheuer angewachsende Flut höchst unterschiedlicher Informationen aus und über Rußland. „Rußlandkenner" gibt es inzwischen erstaunlich viele. Aber vielleicht gilt auch hier der Satz eines Diplomaten: „Rußlandkenner gibt es gar nicht. Es gibt nur verschiedene Grade der Unkenntnis." Ich selbst rechne mich ebenfalls zu denen, die ihren Grad an Unkenntnis durch ein paar Jahre Leben und Arbeiten in diesem Land etwas zu verringern suchen. Trotzdem sei es an dieser Stelle auch einmal gesagt: Natürlich gibt es eine ganze Reihe von vorzüglichen Kennern. Das sind aber in aller Regel die, die sich schon lange und intensiv mit dieser Materie befassen. Ich selbst hatte das große Glück, mit einem der herausragendsten von ihnen fast zwei Jahre zusammenzuarbeiten. Mit Gerd Ruge, der viele Jahre lang in mehreren Abschnitten für die ARD in Moskau arbeitete und bis zum September 1993 das ARD-Fernsehstudio am Moskauer Kutusowski Prospekt leitete. Er gehörte (und gehört!) zu den Journalisten, die sich ausschließlich auf die eigene Anschauung und auf Informationen aus erster Hand verlassen. Mir scheint, daß dieser Grundsatz für

Rußland noch wichtiger ist und noch mehr gilt als für alle anderen Berichtsgebiete, in denen ich bisher gearbeitet habe. Gerade in einer Zeit, in der es aus verschiedenen Gründen immer noch kein wirklich verläßliches Zahlenmaterial besonders auf aktuellem wirtschaftlichem Gebiet gibt. Aber auch da, wo die Daten inzwischen feststehen und allenfalls an einigen Punkten kontrovers interpretiert oder diskutiert werden, etwa bezogen auf die russisch-sowjetische Geschichte, ist nichts durch die eigene Anschauung zu ersetzen. Am deutlichsten ist mir das während dieser Reise am Beispiel der Kirchen und Klöster geworden, die in viel größerer Zahl als ich mir je vorzustellen vermochte, an den Ufern der Flüsse und Seen zu beobachten sind. Sie sind während unserer Fernsehberichterstattung über diese Reise vom Weißen Meer zum Schwarzen Meer fast schon ein ästhetisches Leitmotiv geworden. Unzählige Kirchen haben den kommunistischen Staat wenigstens als halbzerstörte Ruinen überdauert und thronen nun an den Ufern der Flüsse und Seen Rußlands. Andere wurden einfach in Werkstätten oder Fabriken umgewandelt, ohne die äußere Fassade zu verändern. Das abschreckendste Beispiel sah ich in Moskau noch 1991, ein paar Kilometer den Moskwafluß abwärts unterhalb des Kreml. Eines der ältesten Klöster Moskaus, das Novo Spasskij-Kloster, umringt von gewaltigen Mauern, wurde in eine Eisenverarbeitungsfabrik umgewandelt. Der eigentliche Innenraum der Klosterkirche wurde verrammelt und verrottete über die Jahre. Sie war bis zur Revolution von 1917 eine der Moskauer Hofkirchen des Zaren. Die kirchlichen Nebengebäude innerhalb der Klostermauern dienten danach als Fabrik. Einige davon noch bis heute. Wobei dieses Kloster nach der bolschewistischen Revolution ein paar Jahre lang eine grausige Funktion innehatte. Es diente als Gefängnis und Erschießungsstätte für sogenannte Konterrevolutionäre – wer auch immer als solcher angesehen wurde. Noch vor kurzem, als der größte Teil des Klosters wieder an die Kirche zurückgegeben wurde, fand man im Klostergarten Überreste von Skeletten und Schädel mit Einschußlöchern. Die Erschossenen wurden damals nur oberflächlich verscharrt. Zuverlässige Zahlen, wie viele Menschen unter welchen Umständen dort erschossen wurden, habe ich bis heute nicht gefunden.

Andere Klöster blieben besser erhalten. Dazu zählen vor allem jene, die in den letzten 20 Jahren als Touristenziele gelten konnten und für die deshalb vom Staat zumindest notdürftig gesorgt wurde. Eine regelrechte Welle der Restaurierung hat nun eingesetzt, seit viele dieser Kirchen und Klöster vom Staat an die russisch-orthodoxe Kirche zurückgegeben wurden. Im Augenblick verändert sich dadurch das Land auch in dieser Hinsicht noch einmal.

Immer mehr Kirchenkuppeln bekommen ihre goldstrahlenden Dächer wieder zurück. Und von immer mehr Kirchtürmen ertönt wieder das alte russische Glockenspiel, das bis auf wenige Ausnahmen über viele Jahre verboten war. Eines der für mich schönsten Gedichte jener unglücklichen russischen Lyrikerin Marina Zwetajewa, die sich zwei Jahre nach der Rückkehr aus dem Exil in die Sowjetunion 1941 das Leben nahm, wird dadurch auf unvorhergesehene Weise wieder aktuell. Es beginnt so:

„Bei uns in Moskau leuchten die Kuppeln / Bei uns in Moskau läuten die Glocken / Bei uns in Moskau stehen die Gräber in Reihen / Und darin liegen Zarinnen und Zaren . . .“

Doch nun weiter auf unserer Reise. Am Ufer der Schecksna, ein Fluß, der zum Wolga-Baltischen-Kanal unterhalb des Weißen Sees gehört, steht eines der größten Klöster Rußlands überhaupt – das Kloster von Kyril-

Festungsmauern um das Kloster Kyrillow.

low-Belosersk. Dort machen wir mit unserem Schiff fest. Die mehrere Meter dicken, hell getünchten Mauern dieses Wehrklosters ziehen sich viele hundert Meter um das gesamte Areal. Im 16. Jahrhundert, zu Zeiten von Zar Iwan „dem Schrecklichen" gehörte es zu den mächtigsten Klöstern im Herzen Rußlands. Hier hatte jener legendäre Mönch und Einsiedler Kyrill gewirkt, der später von der orthodoxen Kirche heiliggesprochen wurde. Und hier in der Nähe starb der jüngste Sohn Iwans des Schrecklichen, der als Säugling mitsamt seiner Amme ins Wasser fiel und den Kälteschock nicht lebend überstand. Seinen älteren Sohn brachte Zar Iwan später mit eigener Hand um. Das Attribut „der Schreckliche" trifft durchaus die Grausamkeit und die sadistischen Neigungen dieses Zaren, die in den letzten beiden Jahrzehnten seines Lebens bis zu seinem Tod 1584 überaus pathologische Züge annahmen. Andererseits hat Iwan IV. zu Beginn seiner Zeit als autokratischer Herrscher durchaus versucht, den schwierigen Staat zu ordnen, der stets von Einzelinteressen der regionalen Fürsten, der Bojaren, dominiert und auseinandergerissen zu werden drohte. Die Bojaren zu disziplinieren, das allerdings wuchs sich dann bei ihm zu einem regelrechten Wahn aus und führte zur Gründung des Terrorsystems der sogenannten „Opritschniki" (auf Deutsch in etwa: die „Abgetrennten", die „Besonderen"). Im Auftrag des Zaren handelten die „Opritschniki" als Terrortruppe mit der Aufgabe, die Bojaren, also den altangestammten Adel, regelrecht zu vernichten. Einer der führenden deutschen Historiker beschreibt das in seinem umfassenden Werk „Russische Geschichte" so:

„Die ‚Opritschniki' waren ein Machtinstrument zur Vernichtung der ‚Verräter', nun aber nicht mehr einzelner Personen – dazu hätte es eines solchen Aufwands kaum bedurft –, sondern der gesamten Hocharistokratie einschließlich ihrer Familien und ihres Anhangs . . ." Sie waren eine „dem Zaren persönlich und unmittelbar zur Verfügung stehende Spezialtruppe, deren Aufgabe in der physischen Liquidierung der Verräter und in der Terrorisierung der gesamten Hocharistokratie bestand. Da alle in Erfüllung dieser Aufgabe verübten Verbrechen straffrei blieben", wurden sie „sehr bald mit dem Begriff eines hemmungslosen, blutigen Terrors identisch."

Das Kloster von Kyrillow-Belosersk verwandelte sich in ein Internierungslager für die von „Opritschniki" gefangenen oder dorthin in die Verbannung geschickten Adligen und ihre Familienangehörigen. Es wurde schließlich sogar zu einer Mordstätte, in der vermutlich mehrere Tausend der von den „Opritschniki" Verfolgten umgebracht wurden. Ihnen fiel auch der asketische Abt Filipp zum Opfer,

In den mächtigen Mauern Zellen für Mönche.

Der Eckturm, erbaut unter Zar Iwan „dem Schrecklichen".

den Iwan IV. selbst vom Kloster Solowkij, jener Insel im Weißen Meer, geholt hatte, um ihn zum Metropoliten der russisch-orthodoxen Kirche zu machen. Der Abt aber gehörte zu den wenigen, die das Terrorregime der „Opritschniki" auch dem Zaren persönlich gegenüber offen kritisierten. Das führte zu seiner Absetzung durch die Iwan IV. gegenüber willfährige Bischofssynode. Der Abt wurde danach in ein Kloster bei der Stadt Twer verbannt. Dort erdrosselte ihn der gefürchtetste Opritschnik, ein kaltblütiger Mörder mit dem Namen Maljuta Skuratow.

Daß das Kloster einst mächtig war und die Umgegend beherrschte, ist auch heute noch sichtbar. Die Ausmaße des Bauwerks sind immer noch höchst beeindruckend. Im Inneren des Festungsareals stehen mehrere Kirchen und Kathedralen. Die vielen hundert in die Mauern eingelassenen Zellen der Mönche sind teilweise noch erhalten. Das Bauwerk und seine Außenmauern sind einfach zu groß und zu massiv, als daß sie selbst durch die jahrelange grobe Vernachlässigung hätten wirklich zerstört werden können. Inzwischen hat aber auch hier die Renovierung und Restaurierung begonnen, die zum Teil von der russisch-orthodoxen Kirche, teils vom Staat finanziert wird. Eine der großen Kathedralen hat bereits wieder ihre goldene Kuppel aufgesetzt bekommen. Im relativ gut gepflegten Museum des Klosters hängen seltene und prächtige Ikonen. Allein sie sind schon einen Besuch wert.

In dem nach mittelalterlicher Kriegs- und Wehrtechnik erbauten Kloster liegen heute mehrere Parks, die von ehemaligen Verwaltungsgebäuden begrenzt werden. In einem dieser ebenfalls mit mächtigen Mauern ausgestatteten Gebäude lebt seit kurzem Vater Alexej, ein Pope der russisch-orthodoxen Kirche. Der Name „Vater Alexej" paßt nicht so recht zu ihm, denn er ist ein gerade 28 Jahre junger Mann. Durch seine langen, auf die Schulter fallenden Haare und seinen mächtigen Bart wirkt er allerdings um einiges älter.

Während wir in seiner recht dunklen Küche sitzen, die nur durch ein einziges Fenster etwas aufgehellt wird, bullert der Ofen vor sich hin, obwohl draußen die Sonne eines wunderschönen Sommertages scheint. Doch die dicken Mauern sind stets feucht. Die tief heruntergezogenen Deckengewölbe drücken auf den Raum herab. Auf einem Pult neben dem groben Holztisch liegt eine prächtig ausgestattete Heilige Schrift. Darüber hängt ein Foto von Alexij II., dem Metropoliten, also dem gegenwärtigen Oberhaupt der russisch-orthodoxen Kirche. Nach alter Tradition ist er stets zugleich der Patriarch, der Erzbischof von Moskau.

„Ich habe die Aufgabe, diese Gemeinde wieder aufzubauen, zu der mehrere kleine Städte im Umkreis von Kyrillow-Belosersk gehören. Im Grunde eine Lebensaufgabe", sagt Vater Alexej, der seinem Aussehen nach Ende der sechziger Jahre in Europa gewiß als Hippie eingestuft worden wäre. Er ist ein ruhiger, aber im Gespräch dennoch sehr lebendig und unprätentiös wirkender junger Mann. Bevor er sich zum Popen, also zum Priester der russisch-orthodoxen Kirche berufen fühlte, lebte er als Künstler in der Nähe von Moskau. An der Kunstakademie hatte er Malerei und Bildhauerei studiert. Doch dann veränderte sich sein Leben grundlegend.

„Nach dem Studium nahm ich eine Arbeit als Restaurator in einer Kirche an. Von irgend etwas mußte ich ja leben. Bald aber zog mich die Kirche in ihren Bann und ich vernahm den Ruf Gottes. Ein paar Jahre lang arbeitete ich in einer Gemeinde und ging dem dortigen Popen zur Hand. In dieser Zeit entschloß ich mich, selbst als Pope der Kirche zu dienen."

Er erzählt das auf eine sehr einfache, aber um so überzeugendere Weise. Plötzlich geht die Tür auf und eine hübsche junge Frau betritt den Raum mit einem Korb unter dem Arm, aus dem ein Laib Brot herausragt. Die Frau von „Vater Alexej". Anders als in der katholischen Kirche muß sich ein Pope der russisch-orthodoxen Kirche nicht dem Zölibat, also der geschlechtlichen Enthaltsamkeit, unterwerfen. Durch die halb geöffnete Tür zum Nebenzimmer dringt ein Wimmern herüber. Das 7 Tage alte Baby, das die Frau von Vater Alexej geboren hat. Mit einem Lächeln geht die junge Mutter hinüber. Auch sie ist eigentlich Künstlerin, aber auch sie hat ihr Leben inzwischen in den Dienst der Gemeinde gestellt und bringt den Frauen und Männern des kleinen Chores die kirchlichen Gesänge bei, die zu jedem orthodoxen Gottesdienst gehören. Sie prägen die Feierlichkeit und Schönheit dieser oft viele Stunden langen Gottesdienste.

Ich frage Vater Alexej, ob er uns erlaubt, ihn beim Gottesdienst in seiner kleinen Kirche zu filmen. Er hat nichts dagegen. Es stellt sich heraus, daß am Nachmittag ein Kind getauft wird. Bis jetzt war es uns noch nie gelungen, bei einer orthodoxen Taufe mit der Kamera dabei zu sein. Doch auch dagegen hat Vater Alexej nichts. Hier draußen in der Provinz ist eben vieles einfacher und unkomplizierter. Außerdem sieht er uns wohl ebenso sehr als Künstler wie als Journalisten. Er bittet nur, daß wir uns während des Gottesdienstes still und würdig verhalten. Natürlich verspreche ich das.

Eines interessiert mich als politischer Journalist besonders. Ein Künstler, von Natur aus doch eher unkonventionell, wie denkt er denn über die Rolle der orthodoxen Kirche, die ja über viele Jahrhunderte alles andere als progressiv und tolerant war? Sie war, bis auf wenige Ausnahmen, über viele Jahrhunderte hinweg der verlängerte Arm der reaktionären Obrigkeit. Das ist das eine. Zum andern haben viele ihrer offiziellen Vertreter während des Sowjetstaates für den KGB gearbeitet oder den KGB zumindest über innerkirchliche Angelegenheiten informiert. Und schließlich: Nationale, ja sogar stark antisemitische Töne sind aus dieser Kirche heute wieder häufiger zu hö-

ren. Beispielsweise vom Patriarchen der russisch-orthodoxen Kirche von St. Petersburg. Der Patriarch Ioan, zugegeben ein über 80 Jahre alter Mann, schreibt Artikel in der
eindeutig rechtsradikalen russischen Zeitung „Sawtra"
(„Morgen"). Diese Zeitung versteht sich als Organ der
rechtsradikalen und der nationalbolschewistischen Opposition in Rußland. Also jener „Opposition", die den blutigen Oktoberaufstand 1993 organisiert hat und Rußland
um ein Haar in einen großen Bürgerkrieg gestürzt hätte.
Diese Zeitung hieß vor dem Oktoberaufstand „Tag". Mit
der Niederschlagung des Aufstandes wurde sie verboten.
Sie hat freilich nur den Namen gewechselt und erscheint
seitdem wieder. Man kann diese Zeitung mit Fug und
Recht als nationalistisches und rassistisches Hetzblatt be-
zeichnen. Wenn ein so hochstehender Würdenträger der
Kirche in einer solchen Zeitung ungestraft schreiben kann,
dann kann das nur bedeuten, daß er eine Strömung in der
orthodoxen Kirche repräsentiert. Wie groß diese Strömung tatsächlich ist, läßt sich nur schwer ausmachen. Wie
geht ein junger Künstler, der sich als Pope dieser Kirche an-
geschlossen hat, mit all diesen Fragen um?

„Ich verstehe mich nicht als politischer Geistlicher", sagt
Vater Alexej, während wir durch den Klostergarten hinüber zu seiner kleinen Kirche gehen. „Politik interessiert
mich nicht. Wir haben andere Aufgaben. Im übrigen, die
Kirche muß konservativ sein, sie muß bewahren und den
Menschen Orientierung auf Gott hin geben." Im Lauf des
kleinen Gesprächs stellt sich heraus, daß er nichts gegen die
Wiedereinführung des Zarentums hätte. Er ist ein Anhänger des neuen (alten) russischen Monarchismus. Eine Strömung, die im heutigen Rußland gewiß eher zu den Rand-
gruppen zählt, aber doch in letzter Zeit eine ganze Reihe
von durchaus aktiven Anhängern bekommen hat. Auf die
anderen Fragen geht Vater Alexej nicht ein. Er ist nicht ab-
weisend. Nein, aber er interessiert sich einfach nicht dafür.

Wir sind bei der kleinen Kirche auf dem Klostergelände angekommen. Einige ältere Frauen erwarten ihn dort. Im Vorraum der Kirche stehen bereits eine junge Mutter und ihr sechs Jahre alter Sohn Gennadi. Er soll heute getauft werden. Die Kirche ist übrigens gar nicht die, in der Vater Alexeij später einmal seine Gottesdienste abhalten wird. Seine ihm eigentlich zugewiesene Kirche steht außerhalb der Klostermauern direkt neben dem Haupttor. Doch sie muß noch renoviert werden. Das ist freilich erst möglich, wenn die staatliche Limonadenfabrik die Kirche verlassen hat, die dort bislang untergebracht ist. Noch steht man in Verhandlungen, aber grundsätzlich ist der Staat wohl bereit, auch diese Kirche zurückzugeben und die Fabrik auszulagern. Nur – wann das sein wird, ist noch nicht so richtig klar. Auch das ist ein typisches Stück Rußland in diesen Tagen des Übergangs und des Umbruchs.

Die Taufe des kleinen Gennadi ist auch für mich ein bewegendes Erlebnis. Gennadi ist ein kleiner, etwas stämmiger Junge mit kurzgeschnittenem, strohblondem Haar. Zu meinem Erstaunen ist er kein bißchen eingeschüchtert. Neugierig schaut er nach vorne zum Altar, während Vater Alexej mit dem Weihrauchfaß hantiert. Das interessiert ihn. Der Chor der alten Frauen und die melancholischen Melodien verbreiten eine feierliche Atmosphäre, die schließlich auch den kleinen Gennadi in ihren Bann zieht. Er wird ganz still und schaut immer wieder zu seiner jungen Mutter hinüber. Sie nickt ihm beruhigend zu. Dann beginnt die Taufzeremonie. Der kleine Gennadi wird nackt ausgezogen und steigt in eine auf dem Boden stehende Waschschüssel aus Blech. Vater Alexej taucht einen Pinsel in geweihtes Öl und malt ein kleines Kreuz auf Stirn, Wangen, Brust und Bauch. Dann nähert er sich dem Jungen mit einer großen silbernen Kanne voll Wasser und übergießt Gennadi von oben bis unten. Wie zum Schutz krümmt sich dieser ein wenig zusammen und zieht den Kopf ein. Doch

Kinder am Kyrillow-Kloster.

schon steht seine Mutter hinter ihm, trocknet ihn ab und zieht ihm neue Sachen über. Vater Alexej überreicht ihm eine brennende Kerze. So steht Gennadi eine Zeitlang da. Der Kerzenschein spiegelt sich in seinen blauen Augen und überzieht sein Gesicht im Halbdunkel der Kirche mit einem warmen Licht. Ich weiß nicht, ob es Brauch ist, daß man sich anläßlich der Taufe eines Kindes etwas wünschen kann. Aber ich wünsche Gennadi, daß er einen leichteren Weg gehen kann als die Generation seiner Eltern und Großeltern in diesem schwierigen Rußland.

Nach dem Gottesdienst spreche ich vor der Kirche mit der Mutter und der Großmutter des kleinen Gennadi.

„Warum haben Sie denn ihren Jungen taufen lassen?" – „Ich wollte das, weil ich selbst an den christlichen Gott glaube", sagt die junge Mutter, nachdem sie sich wiederum bei ihrer Mutter mit einem kurzen Seitenblick rückversichert hat. Im Lauf des Gesprächs stellt sich aber doch heraus, daß die beiden zum ersten Mal in dieser Kirche waren, in der heute ihr Junge getauft wurde. Es war auch für sie die erste Taufe, die sie miterlebt haben. All das, so scheint mir, ist auch für sie ein Aufbruch. Eine neue Orientierung in ihrem Leben.

Ich will hier kein Plädoyer für den Eintritt in eine Kirche halten, weder für die russisch-orthodoxe noch für irgendeine andere. Das muß jeder ganz für sich und ganz persönlich beurteilen und entscheiden. Aber eines scheint mir doch wichtig. Die Gefahr ist groß, daß der gesellschaftliche Umbruch und der Zusammenbruch aller bisherigen Werte in Rußland eine Art Wolfsmentalität freisetzt, bei der nur noch zählt, wer sich am schnellsten und am brutalsten in der neuen Gesellschaft und ihrer Form von zum Teil hemmungslosem Frühkapitalismus zurechtfindet. Das sei auch all jenen noch einmal gesagt, die sich für eine radikale „Vermarktwirtschaftung" Rußlands einsetzen, bei der in der Praxis das Wörtchen „sozial" ziemlich schnell unter den Tisch fällt. Das ist nicht nur ethisch verwerflich und einer zivilisierten Gesellschaft unwürdig, es ist auch gefährlich. Je mehr von den Menschen erfahren wird, daß nur Brutalität und Egoismus zählen, desto eher verstehen sie das auch als den einzigen Weg, gesellschaftliche Krisen zu lösen. Das klingt etwas abstrakt, aber die russische Gesellschaft hat das schon zweimal ganz konkret erfahren – beim Putsch im August 1991 und dem blutigen Aufstand im Oktober 1993. Wer nur Macht und Geld als einzig erstrebenswerte Ziele sieht und das brutal durchsetzt, der spielt in einer solch schwierigen Umbruchsituation wie in Rußland mit dem Feuer. Es muß also noch andere Orientierungen und Werte geben, die den Menschen zusätzliche Kriterien für ihr eigenes Handeln bereitstellen. Ich weiß, das klingt vielleicht alles etwas hochtrabend, besonders gegenüber den im täglichen Existenzkampf verwickelten russischen Familien. Trotzdem bin ich der Überzeugung, daß zum Beispiel die Kirchen etwas dazu beitragen können, um aus dem Dilemma herauszukommen. Auch wenn sie ihrerseits selbst höchst problematische Seiten haben, wie ich etwas weiter oben in Bezug auf die russisch-orthodoxe Kirche angedeutet habe.

Wir verabschieden uns von Vater Alexej. Er hat an diesem Abend noch einen Termin. Er erhielt einen Anruf, doch bitte eine Patientin im nahegelegenen Krankenhaus zu besuchen, die sich in einer schweren seelischen Krise befinde. Psychiater oder Psychotherapeuten gibt es hier in der Provinz nicht. Hier draußen macht auch das der neue Pope. Ein Pope, der eigentlich Künstler werden wollte.

VII.

„Wir kämpfen für unsere Kinder!"

Wissen Sie, wo der größte Hochofen Europas steht? Nein? Ich hätte es auch nicht gewußt. Woher auch. Es war immer Teil der gelegentlich ins absurde gesteigerten Sowjetideologie, ein möglichst großes Geheimnis aus ihren Produktionsanlagen zu machen. Besonders dann, wenn es um sogenannte Rüstungsproduktion ging oder was die kommunistischen Funktionäre und das KGB darunter verstanden. Die Stahlproduktion gehörte immer dazu. Und nach Tscherepowetz, einer 370000 Einwohner-Stadt am südlichen Ende des „Wolga-Baltischen Kanals", dorthin durften Ausländer sowieso über viele Jahrzehnte nicht fahren. Dort aber steht er, der größte Hochofen Europas. Zugleich ist er eine der größten Dreckschleudern Rußlands. Die Einwohner von Tscherepowetz wurden zwar nie offiziell darüber informiert, aber sie wunderten sich schon lange nicht mehr, warum es ihnen so schlechtging. Warum Asthmaanfälle und Bronchitis in dieser Stadt so häufig waren. Und warum schon ihre Kinder darunter litten. Sie wunderten sich nicht, weil sie die Ursache täglich aus den gewaltigen Schornsteinen dunkel herausquellen sahen. Gelegentlich färbte sich der Rauch kupfern oder gelblich, je nachdem, welches Produktionsprogramm in dem riesigen Stahlwerk gerade gefahren wurde. Sie wunderten sich nicht, aber sie protestierten auch nicht. Denn offener Protest wäre dem Einzelnen teuer zu stehen gekommen. Das änderte sich

Das Stahlwerk von Tscherepowetz.

erst mit Gorbatschows Perestroika und der damit verbundenen „Glasnost", der neuen „Offenheit", die Kritik
sogar anregte, statt sie zu unterdrücken. Trotzdem war
auch das eine politische Entwicklung, die sich im prakti-
schen Alltag vor allem auf die beiden großen Städte
Moskau und Leningrad, das heutige St. Petersburg, er-
streckte.

Aber von diesen Zentren ist Tscherepowetz weit entfernt. Und in der Provinz ist diese „neue Offenheit" erst
spät angekommen – wenn überhaupt. In der Provinz regiert mit ganz wenigen Ausnahmen noch die alte Nomenklatura, die alten Funktionäre, die sich zwar der
neuen Zeit irgendwie angepaßt haben, denen aber zur
Verteidigung ihrer Machtposition fast jedes Mittel recht
ist. So ist es auch in Tscherepowetz. Nur daß nicht mehr

alle so stillhalten, wie sich das die ehemaligen Funktionäre oder Fabrikdirektoren wünschen.

Die kleine Dreizimmerwohnung, in der wir sitzen, ist sauber und aufgeräumt. Alle Besucher haben nach russischem Brauch die Schuhe ausgezogen und sie hinter der Eingangstür aufgereiht. Rund 6 Monate im Jahr gibt es draußen Regen oder Schnee, Matsch, Schlamm und Dreck. Das alles sammelt sich in den Höfen um die Häuser herum, da die Kanalisation in Rußland häufig verstopft ist oder jedenfalls selten halbwegs ordentlich funktioniert. Deshalb zieht normalerweise jeder Besucher in einer russischen Wohnung gleich hinter der Tür seine Schuhe aus, um die Gastgeber vom größten Straßendreck zu verschonen. Zumindest im Winter hat der rücksichtsvolle Besucher in der Handtasche oder in einer Tüte saubere Schuhe dabei, um sie gegen die schmutzigen auszutauschen. Oder man läuft in Strümpfen durch die Wohnung. So machen wir es. Zehn Männer und Frauen sitzen in einem Kreis im größten Zimmer. Das Gespräch ist lebhaft und geht ziemlich durcheinander. Aber es ist spannend. Denn alle wollen uns möglichst eindringlich die Geschichte ihres Widerstandes gegen das Stahlwerk und dessen Umweltverschmutzung erzählen. Als ich schließlich nur noch hilflos dreinschaue und beim besten Willen nichts mehr von dem Wortsalat verstehe, übernimmt eine der Frauen das Kommando.

„So geht's nicht! Wir brauchen mehr Ordnung und Ruhe hier!" ruft sie resolut in den Raum. Nun stellen sie sich uns erst einmal vor. Sie haben vor einiger Zeit einen „Ökologischen Club", wie sie es nennen, gegründet, um sich gemeinsam gegen das zu wehren, worunter sie und ihre Kinder samt Enkelkinder leiden, gegen den gewaltigen Ausstoß von Schadstoffen des „Metallurgischen Kombinats" von Tscherepowetz. Die Daten über Gesundheits- und Umweltschäden, die sie inzwischen gesammelt haben, sind in der Tat furchterregend.

„Es ist nachgewiesen", sagt Dr. Anna Saburowa, Ärztin in einer der städtischen Polikliniken, „daß Lungenentzündung, Asthma und Bronchitis bei uns rund dreimal so häufig vorkommen wie im übrigen Rußland. Wir haben außerdem eine immer größer werdende Immunschwäche bei unseren Kindern hier in der Stadt festgestellt. Dadurch sind sie auch für alle anderen Krankheiten sehr viel anfälliger geworden!"

Dr. Saburowa erzählt, daß ein medizinisches Institut der Universität von St. Petersburg in den Jahren 1991 bis 1993 die Altersgruppen der vier- und der dreizehnjährigen Kinder intensiv untersucht hat.

„Ergebnis war, daß die Immunität der Kinder gegen Krankheiten um das zwei- bis dreifache schwächer ausgeprägt ist als anderswo in Rußland." Dr. Saburowa macht einen durchaus besonnenen Eindruck. Sie ist seit vielen Jahren Ärztin.

„Das ist einfach immer schlimmer geworden", sagt sie mit ruhiger, fast sanfter Stimme und streicht sich ihre dunkelrot gefärbten, strähnigen Haare aus der Stirn. „Aber genutzt hat das alles nichts. Es hat sich einfach nichts verändert. Der Werkleitung war das alles piepegal."

Die Schadstoffe aus den Schloten verursachen außerdem eine erhebliche Herz- und Kreislaufbelastung, weshalb auch die Zahl der Herzkrankheiten in der Region in und um Tscherepowetz erheblich über dem russischen Durchschnitt liegt. Die Männer und Frauen in der Runde beklagen sich bitter darüber, daß die örtliche Presse über all das nicht mit der nötigen Deutlichkeit berichtet und nicht genügend Druck macht, um die Verantwortlichen zum Handeln zu bewegen. Also haben sie sich selbst zum

Handeln entschlossen. Eine von ihnen steht auf und zieht eine kleine Fahne aus einer Plastiktüte hervor.

„Die haben wir uns gestern genäht und davon wird es bald noch mehr geben!" meint sie zornig. Dann erklärt sie die Farben der Fahne. „Dieser schwarze Streifen steht für die Trauer, die wir empfinden wegen all der Zerstörung, die auch unsere Kinder längst erfaßt hat. Der rote Streifen bedeutet, daß wir uns alle vereinigen und protestieren sollen. Und das große grüne Feld ist das Symbol für unsere Natur und unsere Gesundheit, um die wir kämpfen müssen!" Dann setzt sie sich wieder, die anderen nicken zustimmend.

Es ist eine beeindruckende kleine Versammlung in dieser Wohnung am Rande des Stadtzentrums von Tscherepowetz. Wer noch nie in Rußland war oder jedenfalls noch nie durch die russische Provinz gereist ist, für den ist das Beeindruckende an dieser Versammlung vermutlich nicht recht verständlich. Um es zu verstehen, muß man sich einfach noch einmal ins Gedächtnis rufen, daß Protest gegen staatlich verordnete Planungen in Rußland nicht nur keine Tradition hat, sondern so gut wie immer unterdrückt wurde. Autoritäres Denken, das heißt auf Befehl Gehorchen, wurde den Menschen über viele Jahrzehnte eingeimpft. Denn alles stand ja im Dienst des großen Ziels, den Kommunismus zu errichten. Wer dem nicht zustimmte, wurde eben dazu gezwungen. Und das in einem Land, in dem sowieso schon immer die Autorität der Behörden mehr gezählt hat als die individuellen Rechte eines Bürgers. Es ist natürlich die junge Generation in Rußland, die nicht mehr so eingeschüchtert ist wie ihre Eltern und Großeltern. Doch die meisten aus dieser Generation haben von Politik die Nase voll und kümmern sich fast ausschließlich um ihr Privatleben oder um ihr persönliches Fortkommen. Um so überraschender ist für mich die entschiedene Haltung dieser älteren Herrschaften, die sich trotz aller Schwierigkeiten entschlossen haben, die Zustände nicht mehr hinzunehmen.

Wie wir auf diese Leute gestoßen sind? Wir haben in einer russischen Zeitung über diesen ungewöhnlichen „Ökologischen Club" und seine Aktionen gelesen. Das hat mich interessiert. Deshalb riefen wir sie über einen russischen Verbindungsmann an und haben schließlich in Tscherepowetz mit unserem Schiff angelegt. Sie haben uns sofort eingeladen in die kleine Wohnung. Unter den Gästen sitzt auch ein führendes Mitglied der sogenannten unabhängigen Gewerkschaft. Mitglieder hat diese Gewerkschaft im Stahlwerk von Tscherepowetz allerdings erst zweieinhalbtausend. Das ist bei einer Gesamtbelegschaft von 45 000 nicht allzuviel. Dominiert wird die unabhängige Gewerkschaft im Stahlwerk immer noch von der alten kommunistischen „Profsojus", jener Gewerkschaft, die über viele Jahrzehnte nichts anderes war als eine von der kommunistischen Partei gelenkte Staatsgewerkschaft. Wer in der alten Sowjetunion schon nicht Mitglied in der KPdSU werden wollte und trotzdem eine Karriere im Sinn hatte, der tat gut daran, wenigstens Mitglied der Staatsgewerkschaft zu sein. Andernfalls hatte er so gut wie keine Chance voranzukommen. Gradmesser für eine funktionierende Demokratie in Rußland wird auch sein, wie sehr es gelingt, eine vom Staat unabhängige Gewerkschaftsbewegung aufzubauen, die sich konsequent für die Interessen ihrer Mitglieder einsetzt, statt mit den ehemals „roten Direktoren" zu kungeln, die in den meisten Betrieben immer noch das Sagen haben. Ganz gleichgültig, ob der ehemalige Staatsbetrieb inzwischen in eine Aktiengesellschaft umgewandelt ist oder nicht. Das Führungspersonal ist in aller Regel auch in solchen Betrieben das alte. Nicht anders ist es im „Metallurgischen Kombinat" von Tscherepowetz. 51 % der Aktien hält der Staat, und damit ist bis jetzt alles im wesentlichen so wie früher. Auch wenn der Betrieb „privatisiert" ist.

„Wir haben es im Werk sehr schwer", meint der Vertreter der unabhängigen Gewerkschaft, ein 50 Jahre alter Mann, der zugleich als Ingenieur im Werk arbeitet. „Wir unterstützen den Kampf für den Umweltschutz und damit auch für unsere Gesundheit. Wir fordern zum Beispiel die Untersuchung des Werks durch eine unabhängige Finanzkommission, weil wir herausbekommen wollen, ob das Werk tatsächlich kein Geld für mehr Umweltschutz hat, wie uns immer gesagt wird. Aber bis jetzt haben wir damit keinen Erfolg gehabt. Weder bei der Werkleitung noch bei der Mehrheit der Belegschaft. Die haben alle Angst, daß der Umweltschutz auf Kosten der Arbeitsplätze geht, und wer will schon gerne entlassen werden!"

Auch das ist ein klassischer Konflikt im Rußland von heute. Die Umweltverschmutzung ist in vielen Regionen katastrophal, vor allem dort, wo in den vergangenen Jahrzehnten geballt und kompromißlos Schwerindustrie angesiedelt wurde. Doch der rapide Einbruch der Produktion besonders in diesen Industriezweigen und der chronische Geldmangel sowohl der Industrie als auch des Staates läßt keinen Spielraum mehr für Anliegen wie Umweltschutz. Wobei darüber auch gestritten werden kann. Denn niemand durchschaut genau die Finanzbewegungen innerhalb der Industrie. Fachleute schätzen, daß riesige Beträge in der Größenordnung von bis zu 50 Milliarden Dollar auf irgendwelchen Auslandskonten lagern. Gelder, die von den neuen und alten Industriebossen schwarz auf die Seite geschafft wurden – natürlich auch an den russischen Steuerbehörden vorbei. Gewaltige Rohstoffschiebereien „enteignen" die russische Volkswirtschaft in kaum vorstellbarem Maße. Da in solchen Transaktionen aber oft auch Staatsbeamte mitmischen, lassen sich diese Delikte kaum aufdekken. Lediglich wenn es durch ganz besondere Torheit auffällt und damit auch zu einem Politikum wird, gibt es Maßnahmen dagegen. So erging es dem ehemaligen Sicherheitsminister Barannikow kurz vor den blutigen Oktoberereignissen des Jahres 1993. Seine Frau und ihre Freundin fielen in der Züricher Innenstadt dadurch auf, daß sie innerhalb von zwei Tagen 300 000 Dollar für Pelze, Schmuck und andere Luxusgüter ausgaben. Das war dann doch das Ende der politischen Karriere ihres Mannes. Der reagierte prompt auf seine Entlassung durch den russischen Präsidenten Boris Jelzin und schlug sich auf die Seite des aufständischen Vizepräsidenten Alexander Rutzkoi, der sich zu dieser Zeit bereits zusammen mit Ruslan Chasbulatow und rund 200 altkommunistischen Abgeordneten im Weißen Haus, dem damaligen Sitz des russischen Parlaments im Zentrum von Moskau, verschanzt hatte. Als der bewaffnete Aufstand unter den Schüssen der 125 Millimeter-Granaten der vor dem Parlament aufgefahrenen T 80-Panzer am 4. Oktober 1993 zusammenbrach, war Barannikows Karriere endgültig zu Ende. Doch ein solches Karriereende eines korrupten Ministers ist derzeit in Rußland höchst selten. Bei nachgeordneten Beamten oder gar Fabrikdirektoren allemal.

All das weiß natürlich auch der Vertreter der kleinen unabhängigen Gewerkschaft, mit dem wir in der Wohnung von Tscherepowetz zusammensitzen. Seine Vermutung, daß vielleicht auch in ihrem Werk solch dubiose „Finanzbewegungen" im Gange sind, ist nicht abwegig. Nur – seine Chancen, so etwas aufzudecken, sind äußerst gering. Zu kämpfen haben sie nämlich noch mit einem weiteren Problem: der Verflechtung der Interessen der Stadt Tscherepowetz mit dem Stahlwerk selbst. Auch dieses Problem hat, wenn man so will, historische Wurzeln. Wenn solche Schwerindustriekomplexe gebaut wurden, waren sie stets als Staatsbetrieb zugleich mehr oder weniger identisch mit der Stadt selbst, die man in vielen Fällen einfach um sie herum errichtete. Als Teil des Industriekomplexes wurden Wohnungen, Straßen, Kindergärten, Freizeiteinrichtungen, die örtlichen Heizwerke erbaut, kurz, die Stadt selbst.

Dies alles vom Werk abzutrennen ist zumindest kurzfristig unmöglich. Denn die Städte haben in aller Regel gar nicht die Mittel, um die mit der Übernahme solcher Einrichtungen verbundenen Kosten aufzufangen. Das sei übrigens auch den hochbezahlten westlichen Spezialisten gesagt, deren erster Ratschlag an die entsprechenden russischen Behörden und Betriebe häufig darin besteht, all diese sozialen Verpflichtungen aus den Fabriken quasi herauszuschneiden und dem Staat zu überlassen. Das ist im Prinzip natürlich eine richtige Überlegung. Aber es ist in Rußland zugleich auch das sicherste Rezept für das Auslösen sozialer Unruhen. Keine Regierung, ganz gleich welcher politischen Richtung, würde in Rußland überleben, wenn die ersten Heizwerke stillstehen oder die sowieso schon am untersten Ende dahinsiechenden Sozialversorgungen endgültig zusammenbrechen. Vor diesem ganzen Hintergrund wahrlich gewaltiger Probleme dennoch nicht den Mut zu verlieren und den fast aussichtslosen Kampf um ihre Interessen aufzunehmen, das hat dieser kleine „Ökologische Klub" in Tscherepowetz immerhin auf sich genommen.

Von einer Wohnung fahren wir in die nächste. In die von Swetlana Lazarewa. Frau Lazarewa will uns nämlich etwas zeigen. Sie wohnt in einem in den sechziger Jahren errichteten, ziemlich tristen fünfstöckigen Haus. Von ihrem winzigen Balkon aus blickt sie direkt auf die riesigen Schornsteine des Stahlwerks.

„Fällt Ihnen etwas auf?" fragt sie mich ziemlich nachdrücklich. Ich schaue hinüber zum Werk. Das einzige, was mir auffällt, ist, daß das Werk bis zum Horizont reicht und daß die Schornsteine im Augenblick nur mäßig qualmen.

„Genau das ist es!" ruft Swetlana Lazarewa voller Empörung.

„Was ist es?!"

„Daß die so wenig qualmen, das ist es! Die qualmen nämlich sonst viel mehr. Aber die Werkleitung hat mitgekriegt, daß ihr vom deutschen Fernsehen hier seid, und die haben die Produktion für heute heruntergefahren, damit das alles nicht so schlimm aussieht!"

Ich bleibe skeptisch. Was stimmt ist allerdings, daß in der örtlichen Zeitung von Tscherepowetz ein kleiner Artikel über unser Schiff und das deutsche Fernsehteam stand, das die Stadt besuchen will. Vermutlich hat der aufgeweckte „Ökologische Klub" einen ihnen sympathischen Journalisten informiert und der hat diesen kleinen Artikel geschrieben, in dem allerdings tatsächlich steht, daß wir über die ökologische Situation in Tscherepowetz recherchieren und berichten wollen. Ob das Werk deshalb den Schadstoffausstoß für heute reduziert hat, läßt sich trotz einiger Anrufe dort nicht erhärten. Ausschließen läßt es sich allerdings auch nicht. Denn Swetlana erzählt eine interessante Geschichte.

„Vor knapp zwei Jahren war Jelzin hier und hat die Stadt besucht. Da haben wir auch unseren Augen nicht getraut. Plötzlich sah alles ziemlich sauber aus, die Stadt wurde herausgeputzt und die Schornsteine qualmten fast überhaupt nicht mehr. Der Jelzin war richtig erfreut und sagte, daß sich hier doch eine Menge gebessert habe. Das stimmte aber gar nicht, die haben dem bloß Theater vorgespielt!"

Die Geschichte klingt nicht unwahrscheinlich. Zumal sie nun wirklich in bester Tradition steht. So war es immer. Wenn der Staats- und Parteichef oder ein anderer, sehr hoher Funktionär irgendwo hinkam, ging dem immer die gleiche Prozedur voraus. Es wurden die berühmten „Potemkinschen Dörfer", also eine Art Feiertagskulisse errichtet, die den Besuchern vorgaukelte, daß alles wunderbar und auf dem besten Wege sei, außer eben ein paar Schwierigkeiten, die es überall gibt. In der Regel wußten die hohen Funktionäre alle, daß das nicht stimmte und nur Teil eines stillschweigend vereinbarten Staatstheaters war. Eine Art akzeptierte Lügenkonvention. Bis die Lügen am

Protest.

Ende auch nicht mehr halfen. Bei dem Jelzinbesuch vor knapp zwei Jahren, von dem Swetlana berichtet, scheint das alte Theater noch in vollem Gange gewesen zu sein. Weshalb die Mitglieder des „Ökologischen Klubs" immer noch wütend an diesen Besuch zurückdenken.

Wir fahren schließlich vor den Haupteingang des Werks. Um 15 Uhr endet die Vormittagsschicht und ich will mit den herauskommenden Arbeitern vor der Kamera über all diese Probleme sprechen. Als wir am Tor eintreffen, stehen bereits 30 Mitglieder der Umweltbewegung, unter ihnen eine ganze Reihe von Jugendlichen, neben dem Hauptausgang. Sie halten selbstgemalte Plakate hoch: „Tscherepowetz – ein langsames Tschernobyl!" steht auf einem. Ein anderer Jugendlicher hat sich aus Protest eine Gasmaske übergezogen. Die Arbeiter, die durchs Tor her-

95

Kampf für sauberes Wasser und reine Luft.

Vor dem Werktor.

„Tscherepowez, kein Tschernobyl – bis jetzt!"

auskommen, zeigen sich entweder gleichgültig gegenüber der kleinen Demonstrantengruppe oder völlig ablehnend. Nur einer von ihnen bringt die Lage differenziert und zutreffend auf den Punkt:

„Natürlich wäre es gut, wenn wir hier eine saubere Umwelt hätten. Das wollen wir ja eigentlich alle. Auf der anderen Seite hat hier halt jeder Angst um den Arbeitsplatz. Lieber überhaupt Arbeit haben und eine dreckige Umwelt in Kauf nehmen, als ganz ohne Arbeit dazusitzen!"

Ein Standpunkt, der mir einleuchtet. Nur – er liefert die Arbeiter natürlich vollständig der Werkleitung aus und läßt ihnen keinen Handlungsspielraum mehr. Das ganze ist, leider, für Rußland derzeit ziemlich typisch. Ich befürchte, daß es zumindest keinen raschen Ausweg aus diesem Dilemma gibt. Die wahrscheinlichste Entwicklung ist aller Voraussicht nach, daß es zu einem geringeren Schadstoffausstoß kommt. Aber nicht deshalb, weil Rauchgasfilter eingebaut oder vergleichbare Maßnahmen getroffen werden, sondern weil solche Betriebe über kurz oder lang Bankrott machen werden. Das ist aus meiner Sicht genau die soziale Krise, die auf Rußland zukommt und bald auch die Politiker und die Regierung in Moskau erreichen wird.

Auf einer Grünfläche gegenüber dem Werktor stehen ein paar kleine Zelte. Dazwischen haben die jungen Leute, die sie hier aufgebaut haben, eine kleine Feuerstelle eingerichtet. Seit ein paar Wochen kampieren sie hier.

„Das ist eine Protestaktion gegen das Werk!" sagt ein temperamentvoller, vielleicht zwanzig Jahre alter junger Russe. „Wir müssen was gegen dieses Werk tun, es bringt uns nämlich alle um unsere Gesundheit und macht alles kaputt hier!" Er und seine Gruppe fordern das gleiche wie die Leute vom „Ökologischen Klub", mit denen wir uns in der Wohnung getroffen haben. Sie wollen wenigstens eine unabhängige Untersuchung, wie die finanzielle Lage des Werks nun tatsächlich ist und ob nicht doch mehr für den

Umweltschutz drin ist. Zu meiner Überraschung ist unter den jungen Leuten auch eine Studentin aus Leipzig.

„Ich habe gehört, für was die hier kämpfen, und hab mir gedacht, ich unterstütze das einfach, indem ich hierher komme und eine Weile bei denen bleibe!"

Claudia hat während der Schulzeit zu Zeiten der DDR in Leipzig Russisch gelernt und spricht immer noch soviel, daß sie sich damit ganz gut durchschlagen kann.

„Ich weiß, daß das schwierig ist hier. Aber irgendwie will ich, daß die Leute von Tscherepowetz auch lernen, daß man mit genügend Druck auch die Mächtigen beeinflussen kann, wenn man das will. Das war ja bei uns auch so!"

Die Direktheit, mit der diese junge Frau das sagt, gefällt mir. Ich gebe gerne zu, daß mir das zutiefst sympathisch ist. Genauso wie die Männer und Frauen des „Ökologischen Klubs" in Tscherepowetz. Und vielleicht ist es ja wirklich so, daß ein Kampf erst dann ganz verloren ist, wenn man die Hoffnung auf eine Besserung der Verhältnisse aufgibt. Das aber tun sie bis jetzt ganz und gar nicht, die Umweltschützer von Tscherepowetz am südlichen Ende des Wolga-Baltischen Kanals. Am Abend dieses ereignisreichen Tages verlassen wir sie wieder und kehren zu unserem Schiff zurück. Ich wünsche ihnen, während wir ablegen, von ganzem Herzen jeden denkbaren Erfolg.

VIII.

„Auf den Dörfern wird stiller gestorben . . ."

Nach den letzten drei Wochen haben wir uns mittlerweile sehr an das Leben auf dem Schiff gewöhnt. Was uns alle überrascht hat, ist die intensive Reaktion der Zuschauer in Deutschland auf dieses „Russische Tagebuch". Obwohl eines unserer drei Satellitentelefone inzwischen sanft den Geist aufgegeben hat, klingeln die beiden übrigen um so intensiver. Ganz besonders geschickte Fernsehzuschauer haben es irgendwie geschafft, unsere Telefonnummern herauszubekommen. Und so rufen sie eben an. Mit Fragen zu Einzelheiten unserer Route, andere wollen wissen, ob sie nicht noch herkommen und unser Schiff irgendwo in Rußland treffen können. Daran bin ich selbst ein wenig schuld. Bei unserer ersten Live-Schaltung in die „ARD Tagesthemen" habe ich im Gespräch mit Uli Wickert die Zuschauer eingeladen, uns doch auf unserer Reise über die nächsten vier Wochen zu begleiten. Natürlich war das symbolisch gemeint. Aber offensichtlich habe ich mich mißverständlich ausgedrückt, was mir später ein langjähriger Freund und journalistischer Kollege in einem Anruf aus Deutschland bestätigte.

„Du hast das wirklich nicht richtig klar gemacht, daß das nur symbolisch gemeint war. Ich war selbst ziemlich platt, als ich deine Einladung da gehört habe." Ich glaubte, ihn am Telefon schadenfroh grinsen zu sehen. Also gut. Schließlich ist es schön, daß sich so viele Zuschauer für

Impressionen von der Arbeit:
Motivsuche.

Warten und Fahren.

Interviews.

diese Reise interessieren. Offensichtlich haben wir mit der Art und Weise, wie wir dieses „Russische Tagebuch" filmisch anlegen, bei vielen ein Interesse geweckt, das ich schon nicht mehr vermutet hatte. Denn schließlich hat das ARD-Büro Moskau in den letzten, so krisenhaft verlaufenen Jahren in Rußland außerordentlich viel berichtet. Weit mehr als jedes andere ARD-Büro aus irgendeiner anderen (Krisen-)Region dieser Welt. Ich habe diese Zeit von Juni 1991 an mitgemacht, damals noch gemeinsam mit Gerd Ruge. Das Spannende scheint aber jetzt für viele Zuschauer zu sein, daß wir berichten, obwohl gerade *kein* Staatsstreich und *kein* bewaffneter Aufstand in Moskau die Welt in Atem hält. Daß es im Augenblick keine Massendemonstrationen und keine Toten gibt. Daraus sollten wir eine Lehre ziehen, notiere ich mir. Vielleicht begreifen wir auch selbst viel mehr von diesem Land, gemeinsam mit den Zuschauern, wenn keine große Angst und kein großer Schrekken unsere Wahrnehmung „zudeckt"! Wenn eben nicht eine Nachrichtensendung die andere jagt. Insofern freue ich mich über die intensive Reaktion in Deutschland.

Manche Zuschauer fragen: „Wie macht ihr das eigentlich da auf eurem Schiff? Wie kommt ihr so schnell in Kontakt mit den Menschen in diesem riesigen Land; woher wißt ihr, was die Leute in der Region, in der ihr gerade seid, besonders bewegt?"

Hier ist die Antwort: Wir haben uns natürlich vorher ganz genau überlegt, wie dieses Problem zu lösen ist, um möglichst wenig dem Zufall zu überlassen. Jedenfalls nicht mehr als unbedingt nötig. Wir haben entlang der gesamten Strecke vom Weißen Meer bis zum Schwarzen Meer russische Kontaktleute gebeten, für uns beim Anlegen bereitzustehen. Wir baten sie außerdem, schon vorher alle nötigen Informationen zu besorgen und sie über die Satellitentelefone zu uns auf das Schiff durchzugeben. Auch das ist übrigens eine nicht gerade einfache Prozedur. Denn sobald wir mit dem Schiff um irgendeine Flußbiegung fahren, verliert der Sendestrahl des Telefons den in rund 36 000 Kilometer Entfernung von der Erde auf seiner Umlaufbahn schwebenden Kommunikationssatelliten. Aber natürlich nur dann, wenn ein solcher Satellit den Sendestrahl unseres Telefons empfängt, kann er ihn weitergeben und, wo immer das ist, das Telefon am anderen Ende läuten lassen. Wenn nicht, dann kommt das Gespräch nicht zustande. Konsequenz: Einer aus der Mannschaft ist nahezu ständig damit beschäftig, die Antennen der Telefone neu auszurichten. Dennoch ist es unmöglich, eine ständige Verbindung aufrechtzuerhalten. Nicht anders ist es natürlich mit der transportablen Sendeanlage für das Überspielen unserer Filmberichte bzw. für die Live-Schaltungen in die „ARD Tagesthemen" abends um 22.30 Uhr und in das „ARD Morgenmagazin" morgens um 6.30 Uhr. Damit das technisch funktioniert, müssen wir die gesamte Sendeanlage inklusive der „Satellitenschüssel" jedesmal am Ufer stabil aufbauen. Denn selbst wenn das Schiff schnurgerade fahren und sogar am Ufer festmachen würde, wäre die kleinste Welle schon Grund für den Zusammenbruch der Sendung – wir würden den Kontakt zu dem im Orbit schwebenden Funksatelliten verlieren. Schon die Schwankung unserer „Schüssel" um einen Millimeter auf dem Schiff macht auf 36 000 Kilometer eine solch große Abweichung aus, daß keine Sendung und keine Überspielung eines Films nach Deutschland mehr möglich wäre. Und das bedeutet eben, daß wir für jede Sendung morgens und abends die gesamte Anlage über mehrere Stunden am Ufer auf- und abbauen müssen. Zwischen den Sendungen muß das Schiff ja weiterfahren, andernfalls schaffen wir das Ende der Reise nicht wie geplant am 1. September, also innerhalb der vorgegebenen fünf Wochen. Meine technischen Kollegen haben sich inzwischen so eingerichtet, daß sie während des Tages versuchen, jene Mütze Schlaf zu finden, die ihnen nachts wegen des Auf- und Abbaus fehlt. Aber tagsüber auf einem Schiff zu schlafen, auf dem ständig eine Menge los ist, das ist keine ganz leichte Sache. Zusätzlich zu der Sorge, die meine Kollegen (und mich) natürlich umtreibt:

„Heute morgen hat ja alles geklappt, aber wird das heute abend auch hinhauen? Wo sind wir eigentlich genau heute abend, was für einen Hafen werden wir antreffen, wie schaffen wir dort die ziemlich schwere Sendeanlage ans Ufer?!"

Fragen, die wir immer erst dann genau beantworten können, wenn wir tatsächlich vor Ort sind. Das alles führt dazu, daß die Kraftreserven der ARD-Mannschaft langsam aber sicher aufgezehrt werden. Dabei haben wir noch nicht einmal die Hälfte der annähernd 6000 Kilometer langen Reise hinter uns. Neben der Arbeit wartet im übrigen noch das eine oder andere kleine gesundheitliche Problem. Ich mache als erster die Erfahrung einer Magen- und Darminfektion, die mich aufs Intensivste an ein ganz bestimmtes Örtchen bindet. Vermutlich verursachte das nicht mehr ganz saubere Wasser aus den Schiffstanks die Infektion. Wir beschließen, an Land frisches Wasser in Flaschen zu kaufen und es nicht nur zum Trinken und Kochen zu verwenden, sondern sogar zum Zähneputzen. Doch selbst das sollte einige meiner Kolleginnen und Kollegen nicht schützen. Und so kommen fast alle der Reihe nach dran. Wie gesagt, ein bestimmtes Örtchen auf dem „Leningrader" erfreut sich steigender Beliebtheit, und in unserer Bordapotheke schwindet der Bestand an einschlägigen Medikamenten rapide.

Wir fahren inzwischen auf dem riesigen, viele Kilometer langen Stausee von Rybinsk. Jener Stausee, in den der „Schicksalsstrom Rußlands", die Wolga, aus südöstlicher Richtung von den Waldai-Höhen herkommend, einmündet und den sie bei der Industriestadt Rybinsk wieder verläßt.

Halbverlassenes Dorf.

Von dort aus fließt sie durch das Herz des europäischen
Teils von Rußland in vielen Windungen Richtung Kaspi-
sches Meer. Wir werden sie allerdings auf unserer Reise
kurz nach der Stadt Wolgograd wieder verlassen, um über
den Wolga-Don-Kanal in den Don zu gelangen und von
dort unseren Weg ins Schwarze Meer zu nehmen. Aber so
weit ist es noch lange nicht.

Ein russischer Kollege hat uns darauf aufmerksam gemacht, daß viele der Dörfer, an denen wir vorbeifahren,
immer mehr entvölkert werden. Besonders jene, die ein
paar Kilometer weg in den unzugänglicheren Teilen hinter
der Uferregion liegen. Das wollen wir näher erkunden und
legen deshalb bei einem kleinen Dörfchen namens Borok
an. Im dichten Schilf versteckt liegen wunderschöne kleine
Sandstrände. Jetzt am frühen Abend gehen die Kinder aus

107

den Dörfern am Ufer hier baden, begleitet von den Babuschkas, den Großmüttern. Die Eltern müssen in aller Regel für den Lebensunterhalt und das Essen sorgen, weshalb sie zumindest tagsüber so gut wie keine Zeit für die Kinder haben. Das ist fast überall in Rußland so, denn die Zeiten sind hart. Die Familien sind gezwungen zusammenzuhalten, andernfalls ist das Überleben gefährdet. Verstärkt wird dieser Zwang dadurch, daß in einer Wohnung meist mindestens drei Generationen zusammenleben. Großeltern, Eltern und Kinder. Wohnraum ist knapp in Rußland. Hier draußen auf dem Land ist das Problem nicht ganz so groß wie in den riesigen Städten. Hier gibt es häufig noch dadurch eine Ausweichmöglichkeit, daß an das Holzhäuschen noch irgendein Anbau angefügt wird, in dem dann die Kinder oder die Großeltern wohnen. Aber trotzdem sind die drei Generationen auch hier in aller Regel auf engstem Raum zusammengedrängt, was oft genug zu großen Spannungen führt. Doch da die Generationen einander zum Überleben brauchen, bleibt nichts anderes übrig, als diese Spannungen auszuhalten. Es gibt eine Reihe von sozialpsychologischen Untersuchungen, die den ungeheuren Problemdruck, den all das auslöst, untersucht haben. Aber natürlich blieben sie folgenlos. Was sollte sich auch ändern, wenn der Staat kaum Geld hat, um die sowieso schon äußerst schmalen Renten abzusichern oder die Gesundheitsversorgung auf halbwegs akzeptablem Niveau zu halten? Hier hat sich, wenn man so will, ein psychisches Krisenpotential aufgebaut, mit dem noch mehrere Generationen zu tun haben werden.

Wir treffen in der Nähe des Dörfchens Borok auf eine sogenannte Fischereibrigade. Zumindest in wirtschaftlicher Hinsicht ist ihr Fall beispielhaft. Eigentlich gehören sie zu einem landwirtschaftlichen Kolchos. Doch wie viele Kolchosen arbeitet auch ihrer natürlich nicht rentabel, beschäftigt zu viele Leute, der Erlös aus der Ernte kann sie nicht ernähren. Der Kolchos, immer noch ein Staatsbetrieb, erhält immer weniger Mittel vom Staat, was dazu führt, daß die Mitglieder schon seit Monaten keinen Lohn mehr erhalten haben. Statt dessen bekommen sie Naturalien wie Kartoffeln, Milch oder andere landwirtschaftliche Erzeugnisse als Lohn. Doch das ist zum Sterben zuviel und zum Leben zu wenig und bringt nicht das, was sie für Investitionen dringend bräuchten – Geld. Das wollten die sechs Männer aus der Fischereibrigade nicht mehr länger hinnehmen. Sie stellten folgende Überlegung an: Wenn sie es schaffen, jene Fische, die sie im Stausee von Rybinsk fangen, und davon gibt es mehr als genug, frisch zu halten, so daß der Fang nicht in wenigen Stunden verdirbt, dann könnten sie die Fische ohne Zeitdruck in die umliegenden Städte transportieren und dort auf den Märkten verkaufen. Doch wie das anstellen?

„Wir haben uns das so gedacht", sagt Nikolai, der Vorarbeiter der Fischereibrigade. „Wir bauen uns ein kleines Haus mit zwei Räucheröfen. Dorthin schaffen wir den Fang und räuchern und salzen die Fische, damit sie haltbar bleiben. Dann brauchen wir nur noch einen Lastwagen, der den geräucherten Fisch auf die Märkte fährt. Verkaufen können ihn dann unsere Frauen."

Das Haus, vor dem wir stehen, ist fast fertig. Die Männer haben auf irgendeine Weise Baumaterialien organisiert. Das Dach ist bereits gedeckt. Unten im Keller schweißen zwei von ihnen die Metallplatten für einen der beiden Räucheröfen zusammen. Soweit haben sie es immerhin geschafft. Der Kolchos hat ihre Aktivitäten geduldet. Aber auch das nur deshalb, weil man dort selbst hofft, auf diese Weise zu Geld zu kommen.

„Natürlich", meint Nikolai etwas spöttisch, „das ist der einzige Grund. Aber eigentlich haben wir was ganz anderes vor – wir wollen uns selbständig machen und nur noch auf eigene Rechnung arbeiten!"

Das würden sie gerne tun, nur – das ist im Augenblick so gut wie unmöglich. Sie brauchen den Kolchos nämlich als Schutz. Würden sie sich in einer privaten Firma organisieren und selbständig machen, träfen sie sofort die völlig chaotischen Steuergesetze.

„Wir haben uns das mal ausgerechnet. Gut 80 Prozent dessen, was wir erwirtschaften, greift sofort die staatliche Steuerbehörde ab. Gar nicht zu reden davon, wer da sonst noch plötzlich mit abkassieren will."

Nikolai läßt offen, was und wen er damit genau meint. Aber das läßt sich leicht erahnen. Selbst wenn man davon ausgeht, daß hier draußen in der Provinz die Mafia entweder gar nicht existiert oder sich um andere „Kunden" kümmert, als um die paar Arbeiter der Fischereibrigade – es gibt trotzdem immer eine Menge Leute, die die Hand aufhalten. Die Willkür der Steuerbehörde in Rußland ist sprichwörtlich. Die Steuergesetze sind alles andere als durchschaubar und einheitlich. In der Regel, egal ob in Moskau oder hier draußen in der Provinz, zieht der Steuerbeamte ein, was er für richtig hält, und das ist normalerweise ziemlich viel. Bei dem allenfalls in Rudimenten vorhandenen Zivil- und Steuerrecht und bei Richtern, die von all dem auch nichts verstehen oder nichts verstehen wollen, ist die private Initiative ziemlich schnell abgewürgt, wenn sie denn überhaupt zustandekommt. Selbst wenn der russische Präsident Boris Jelzin einen seiner Erlasse verabschiedet, bedeutet das noch lange nicht, daß dieser auch befolgt wird. Ganz abgesehen davon, daß es immer noch eine große Zahl von Beamten und Juristen gibt, die solche Erlasse gar nicht für gültig halten. Für sie ist Gesetz, was die Staatsduma, also das Parlament, verabschiedet. Das aber läßt sich in diesen Fragen enorm viel Zeit. Es versteht sich in der Mehrheit seiner Abgordneten immer noch als ein Forum, in dem die für Außenstehende enorm verwirrenden politischen Kämpfe ausgetragen werden. Im Zweifelsfall blockiert die altkommunistische und rechtsradikale Mehrheit unter Führung des Kommunisten Gennadi Sjuganow und des rechtsradikalen Demagogen Vladimir Schirinowski erst einmal alle Gesetzesinitiativen. Die Demokraten und Reformer ihrerseits sind unter sich in heftige Kontroversen und egoistische Gruppen- und Fraktionskämpfe verwickelt. All dem sind unsere Männer von der Fischereibrigade tief in der Provinz am Stausee von Rybinsk mehr oder weniger hilflos ausgeliefert. Und eben deshalb bleiben sie unter dem zweifelhaften „Schutz" des Kolchos. Denn der wird vom Staat in vieler Hinsicht immer noch bevorzugt behandelt. Außerdem trifft die Männer auf diese Weise weder der Neid der Nachbarn noch der Beamten. Und so kommt es auch hier nicht zu dem, was Rußland so dringend bräuchte: die Belohnung privater Initiative, die bevorzugte steuerliche Behandlung als Anreiz, eine mittelständische Wirtschaftsstruktur zu schaffen, die gerade in der Provinz langfristig der einzige Ausweg aus dem Dilemma ist. Aber warum sollte Nikolai, der Vorarbeiter der Fischereibrigade, ein Mann mit Initiative und Phantasie, seinen „Jungs" sagen: „Wir machen das jetzt in einer privaten Firma?" Er weiß selbst viel zu genau, daß das im Augenblick nicht weit führen würde. Trotzdem hat er nicht aufgegeben. Er und seine Männer versuchen, sich in aller Stille die Voraussetzungen zu schaffen, die nötig sind, um sich am Ende doch selbständig zu machen. Aber wann das sein wird, weiß im Augenblick niemand. Ich habe während dieser Reise durch Rußland bis zum Schwarzen Meer immer wieder solche Initiativen getroffen. Denn es stimmt natürlich nicht, daß, wie es gängiges Vorurteil ist, in diesem riesigen Rußland nur „Neider, Arbeitsfaule, Gangster und

111

Säufer" leben. Wenn ich auch zugestehe, daß es diese Probleme alle gibt, so gibt es aber auch das Gegenteil: Initiative, Phantasie, Tatkraft. Das entscheidende Problem ist, daß die Reformen in Rußland eben noch nicht soweit sind, um diese Eigenschaften massiv zu fördern, und, wenn nötig, mit aller Härte auch gegen die eigenen korrupten staatlichen Strukturen durchzusetzen. Die Zeit dafür drängt. Denn das Gefühl der Sinnlosigkeit, der Rechtlosigkeit und der fehlenden Aussicht auf eine bessere Zukunft ist sehr weit verbreitet; und ein solches Gefühl war noch nie ein guter politischer Ratgeber. Es öffnet vielmehr Demagogen vom Schlage Schirinowskis Tür und Tor und führt im besten Falle zu einem autoritär-diktatorischen Regime, statt zu einer Demokratie. Welchen Weg Rußland nimmt, ist längst noch nicht ausgestanden. Die gelegentlich höchst sonderbare und emotionale Praxis des russischen Präsidenten fördert eine positive Entwicklung nicht. Jelzins Stärke besteht, um es vorsichtig zu formulieren, jedenfalls nicht darin, sich detailversessen in diese Probleme einzuarbeiten und die Lösungen dann beharr-

Halbverlassenes Dorf.

lich durchzusetzen. Genau das aber wäre in dieser Phase der Reformen dringend nötig.

Während des Gesprächs mit Nikolai und seinen Männern kommen wir auch auf das Leben in den Dörfern hier in der Gegend zu sprechen.

„Ja, das stimmt schon. Die Menschen wandern immer mehr ab in die Städte. Was sollen sie auch hier draußen tun? Arbeit gibt es wenig oder keine. Allein schon die Ausbildung der Kinder ist hier fast unmöglich. Die höheren Schulen sind so gut wie alle in den Städten. Also gehen die Jungen dorthin. Und die Alten bleiben zurück. Irgendwann sterben zumindest die abgelegenen Dörfer aus."

Nikolai zuckt mit den Schultern. So ist das hier eben. Eine Entwicklung, die nicht neu ist. Zum Teil wurde sie auch vom kommunistischen Staat erzwungen, der Menschen in seinen riesigen, auf dem Reißbrett entworfenen, künstlich aus dem Boden gestampften Kombinaten brauchte und sie deshalb in ebenso künstlich aus dem Boden gestampften Städten ansiedelte.

„Ein paar Kilometer von hier liegt ein Dorf, da wohnt praktisch überhaupt niemand mehr", meint Nikolai, „aber da kommt ihr nicht hin. Dorthin gibt's keine Straße, da müßt ihr quer über die Felder. Und da ist jetzt, nach den Regenfällen der letzten Tage, alles schlammig und versumpft!"

Dieses Dorf interessiert mich. Nikolai beschreibt ganz grob den Weg dorthin. Wir setzen uns in unseren VW-Bus, der inzwischen mit meinen beiden russischen Kollegen Mischa Falin und Jewgeni Boltrounas hier eingetroffen ist. Die beiden, der eine ist Ton-, der andere Kameramann, werden von jetzt an das Schiff parallel mit ihrem kleinen Bus an Land begleiten. Der Bus ist mit dem Schiff durch eine weitreichende Funkanlage verbunden. Das erleichtert uns die Arbeit erheblich. Natürlich verfahren wir uns ziemlich schnell, denn die Wegbeschreibung von Nikolai ist doch ziemlich grob ausgefallen. In einem halb verfallenen, aber doch noch zum Teil bewohnten Dorf versuchen wir, uns durchzufragen. Da rennt ein kleiner Junge quer über das Feld zu einem der kleinen russischen Holzhäuser. Er wirft uns neugierige Blicke zu. Wir bitten ihn, doch mal herzukommen. Serjoscha heiße er, sagt er etwas schüchtern, und er wisse genau, wo dieses verlassene Dorf liege. Inzwischen ist sein Großvater unter der Haustür hervorgetreten. Er gibt schließlich die Erlaubnis, daß wir Serjoscha mitnehmen, wenn wir ihn anschließend wieder direkt hier abliefern. Ich verspreche ihm das. Bei der reichlich holprigen Fahrt über die Felder hält der Vierradantrieb unseres VW-Busses sogar noch ein ganze Weile durch. Aber dann ist endgültig Schluß. Mischa weigert sich, ein verdächtig großes Schlammloch zu durchqueren, das die Fahrt durch ein kleines Wäldchen versperrt, in das wir inzwischen eingedrungen sind.

„Da kommen wir nie mehr raus!" sagt er etwas heftig. Aber er braucht mich nicht zu überzeugen. Das Schlammloch sieht tatsächlich verdächtig groß und, vor allem, verdächtig tief aus. Hier in dieser gottverlassenen Gegend in einem Schlammloch hängenzubleiben ist gewiß der letzte unserer Wünsche. Zumal die Zeit schon wieder drängt. Denn am Abend müssen wir unbedingt am Schiff sein, um weiterzufahren. Andernfalls klappen verschiedene andere Pläne und Drehvorhaben nicht. Serjoscha ist ein sehr netter und aufgeschlossener Junge, der schon die vierte Schulklasse besucht, wie er stolz erzählt. Aber eines ist aus ihm nicht herauszubekommen, wie weit es denn nun tatsächlich noch zu dem Dorf ist. Zu Fuß seien es etwa zwei Stunden, aber es könnte auch nur eine halbe Stunde sein. Oder vielleicht doch wieder mehr. Serjoscha zuckt mit den Schultern. Den Weg allerdings kenne er ganz genau. Er sei nur schon länger nicht mehr dort gewesen. Wir probieren es einfach. Doch kaum steigen wir aus dem Auto, fliegen die Stechmükken dieser sumpfigen und feuchten Gegend einen regelrechten Großangriff auf uns. Glücklicherweise haben wir mehrere Flaschen Insektenschutzmittel dabei, das sich jeder in einer dicken Schicht auf die Haut aufträgt. Mein Kollege Igor schmiert es sich grinsend in dicken Klecksen sogar auf sein bis dahin noch halbwegs sauberes T-Shirt. Aber immerhin – es hilft. Jeder von uns greift sich einen Teil der Kameraausrüstung und wir stapfen los. Die hellen Sommerschuhe von Kameramann Jewgeni, auf die er sonst so stolz ist, verwandeln sich rasch in schlammbedeckte, quatschende Treter, die er nach einer Weile schließlich ganz auszieht. Die Kamera unterm Arm stakst er mit hochgekrempelten Hosenbeinen durch Pfützen und Schlammfelder, bis wir schließlich auf der anderen Seite des Wäldchens ankommen. Eine wunderschöne, mit roten und bläulichen Feldblumen bedeckte Heide liegt vor uns.

„Ganz dahinten, da liegt das Dorf!" sagt Serjoscha mit fester Überzeugung. Ich kann nichts erkennen außer ein paar kleinen Baumgruppen, die über die vor uns liegenden Bodenwellen herausragen. Aber vielleicht hat er ja recht. Nach weiteren 20 Minuten ist es tatsächlich soweit. Ich erkenne die schiefen Dachstühle einiger Holzhütten, die in der Nachmittagssonne grau zu uns herüberschimmern.

„Welche Schönheit und zugleich welche Melancholie liegt über dieser verwilderten Landschaft!" geht es mir durch den Kopf. Rußland, dieses Land voller intensiver Bilder und Eindrücke, die sich tief einprägen und die man nicht mehr vergißt. Besonders hier draußen, weitab von den grauen Beton- und Plattenbaustädten. Und doch ist keines dieser „Bilder" ungebrochen. Die Schönheit ist immer auch gezeichnet von tiefer Melancholie. Von den

Schwierigkeiten des Lebens in Rußland. Vielleicht ist es das, was einen über kurz oder lang in seinen Bann zieht, wenn man längere Zeit in Rußland lebt und sich traut, die Städte zu verlassen und das richtige, wenn man so will, das alte Rußland zu bereisen. Das ist immer noch nicht einfach. Wer nur mit westlichem Luxus und all den anderen Annehmlichkeiten leben kann, der sollte es am besten lassen. Es kann nur eine bittere Enttäuschung werden, die sich beide Seiten besser ersparen.

Inzwischen sind wir bei dem kleinen Dörfchen angelangt. Gleich am Eingang steht sogar noch das Ortsschild mit dem Namen „Paradies". So heißt dieses Dorf, und vielleicht war es das ja sogar irgendwann einmal. Damals, als es noch bewohnt war. Trotzdem, ganz unbelebt ist es auch heute nicht. Zu meiner Überraschung treffen wir gleich am Ortseingang auf eine resolute „Babuschka" mit weißem Kopftuch und einer ziemlich altersschwachen Einkaufstasche in der Hand. Sie ist freundlich und mindestens so erstaunt wie wir. Es ist nicht schwer, mit ihr ins Gespräch zu kommen. Sie seien hier immerhin noch zu siebt, sagt sie. Gelebt hätten hier mal 50 Familien. Vor Jahren hätte es hier auch mal eine kleine Molkerei gegeben. Und sogar ein kleines Sägewerk. Aber das sei schon lange vorbei. Jetzt seien nur noch sieben alte Leute übriggeblieben, die sich gegenseitig helfen, um zu überleben. Wir gehen die ehemalige Dorfstraße entlang, die sich im Lauf der Jahre wieder in eine sumpfige Wiese zurückverwandelt hat. Wasser bekommen sie aus einem alten Ziehbrunnen, dessen auf Stützen aus Baumstämmen stehendes kleines Holzdach so aussieht, als ob es jeden Augenblick in sich zusammensinken könnte. Vielleicht wird es das eines Tages auch tun. Am anderen Ende der ehemaligen Straße lebt ein altes Ehepaar. Der 70 Jahre alte Bauer hat gerade seine beiden Kühe auf die Wiese nebenan getrieben.

„Man schlägt sich irgendwie durch", sagt er grinsend und schiebt sich seine lederne Mütze aus der Stirn. Dann erzählen die alten Leute die Geschichte ihres kleinen Dörfleins. Ja, es habe hier mal richtiges Leben geherrscht. Sie seien Teil eines Kolchos gewesen. Aber im Lauf der Jahre habe selbst der nicht mehr so recht funktioniert. Und so sei er eben geschlossen worden. Die alten Leute, die ihr ganzes Leben hier verbracht haben, erzählen indirekt die Geschichte der sowjetischen Industrialisierung nach. Der kommunistische Staatsplan sah nicht vor, solche Dörfer durch Ausbau von Straßen und Elektrizität und vieles andere mehr an die Entwicklung anzubinden. Der Schwerpunkt lag eben auf der zum Teil sogar gewaltsam durchgesetzten Industrialisierung. Mit dem Ergebnis, daß diese Dörfer, die niemandem Prestige einbringen und mit denen kein Staats- und kein Parteifunktionär in der Gebietshauptstadt „Staat machen" kann, immer mehr vernachlässigt wurden. Die Kinder der alten Leute aus dem Dorf mit den Namen „Paradies" gingen schließlich von sich aus nach Rybinsk, die nächste große Stadt. Und dort blieben sie. Um die alten Leute ist es einsam geworden. Reihum reitet einer von ihnen einmal die Woche mit dem Pferd in das nächste Städtchen, um für alle das Notwendigste zu besorgen. Wenn der letzte verbliebene Traktor funktioniert, wird der Einkauf mit ihm erledigt. Mehr passiert hier nicht.

„Na ja, krank darf hier keiner werden, sonst wird es schwierig", sagt eine der beiden alten Frauen, die mit dem Bauer auf dem Bänkchen vor der Holzhütte sitzen. Trotzdem machen sie keinen verzweifelten Eindruck. Sie haben sich hier ihr ganzes Leben durchgeschlagen. Nun werden sie es auch bis zum Ende schaffen: „Der Staat hat uns sowieso verlassen!"

Knapp 100 Meter hinter dem letzten windschiefen Holzhäuschen steht in einem zugewachsenen Dickicht die

Ruine einer Kirche. Der Dachstuhl mit den beiden Zwiebeltürmchen aus Holz ist heruntergebrochen. Es war früher gewiß einmal eine schöne Kirche. Auf der Innenseite der Mauern sind einfach gemalte Fresken zu erkennen. Eines davon glänzt noch golden. Das Innere der Kirche hat sich in ein dichtbewachsenes Trümmerfeld verwandelt.

„In den sechziger Jahren kam hier ein kommunistischer Funktionär vorbei", erzählt unsere Babuschka, die wir beim Betreten des Dorfes getroffen hatten, „der hat die Zerstörung unserer Kirche angeordnet und das haben sie dann auch getan. Ach, wissen Sie, wir haben damals sehr geweint!"

Nachdenklich machen wir uns auf den langen Weg zurück zu unserem Auto und schließlich zum Schiff. Noch lange behalte ich die Bilder der zerstörten Kirche und des zugewachsenen Friedhofs um sie herum im Kopf. Dort, in dem Dorf mit dem Namen „Paradies", wird jetzt immer stiller gestorben. So hatte es eine der Frauen gesagt.

IX.

Jelzin kommt – und Schirinowski!

Wir schwimmen längst auf der Wolga. Gewiß ein faszinierender Fluß, über den als „Schicksalstrom Rußlands" ganze Serien von Büchern geschrieben und gedichtet wurden. Soviel, daß es fast schon zum Fürchten ist. Oder jedenfalls soviel, daß ich längst mißtrauisch bin. Besonders bei den Berichten, Romanen und historischen Reportagen über all die Schlachten, die entlang dieses Flusses im Laufe der letzten 1000 Jahre geführt wurden. Vor allem das hat viele Autoren und Schriftsteller beflügelt. Die guten wie die schlechten. Ich selbst bin kein allzu großer Freund von Schwelgen in der Historie. Schon gar nicht von Schwelgen in all diesen Schlachten. Manchmal frage ich mich, warum gerade das so viele anzieht. Steckt darin nicht auch eine geheime Faszination? Und – wäre es nicht mindestens ebenso gut, wenn genauso viel vom Frieden geschrieben worden wäre, wie es Literatur jedweder Art über den Krieg gibt? Ein naiver Standpunkt, finden Sie, wo doch Krieg und Gewalt zur menschlichen Natur gehören, ob man das nun mag oder nicht? Vielleicht haben Sie recht. Ich beharre unvernünftigerweise trotzdem darauf. Aus dem einfachen Grund, weil ich im Leben keinen anderen Sinn sehe, als eben auf dem Leben zu beharren, statt auf der angeblichen Notwendigkeit zum Töten. Das gilt im übrigen auch für meinen Beruf. Ich verachte niemand so sehr wie jene, die sich ausschließlich als sogenannte Kriegsreporter verstehen. Jener „Krisentroß", der im Auftrag der großen internationalen Fernsehgesellschaften und Presseagenturen von einem Brandherd zum andern rund um die Welt zieht, je nachdem, wie der höchst kurzatmige Nachrichtenmarkt das gerade verlangt. Von Sarajewo nach Ruanda, in den Nahen Osten und danach wieder zurück. Ich behaupte, daß trotz all der Hektik, trotz all der grausigen Bilder vom Verhungern, vom Abschlachten und den Menschenleiber zerfetzenden Granateneinschlägen keiner wirklich etwas versteht. Unsere Fernsehzuschauer nicht, die Leser nicht und die Kriegsreporter selbst meist ebenfalls nicht. Das ist auch gar nicht möglich, wenn man ein Land allenfalls unter dem Blickwinkel von Krieg und großer Krise zur Kenntnis nimmt. Bei vielen Berichterstattern ist die geheime Faszination an Krieg und Krise im übrigen längst zu einer offenen und öffentlichen Droge geworden. Und die wird dann weitergereicht. Ganz abgesehen davon, daß die Reporter sich plötzlich selber zu einer Art Kriegshelden stilisieren, freilich meist immer noch aus der etwas sichereren Distanz des dritten und nicht des ersten Schützengrabens. Oder sie sind überhaupt nicht am Ort des Geschehens, sondern zum Beispiel irgendwo in der Wüste, weitab von den tatsächlichen Aktionen. So geschehen im sogenannten Golfkrieg gegen den Irak 1991. Dort sind sie dann ganz auf die (zensierten) Fakten angewiesen, die das Militär weiterreicht, wenn es das will. Soviel wie damals ist im Fernsehen selten in so kurzer Zeit gelogen worden. Und als Fernsehbilder sahen wir, neben den Leuchtspurgeschossen der irakischen Flugabwehrkanonen über Bagdad, vor allem landende Bomber der Alliierten, die langsam in der Abend- oder Morgensonne auf der Start- und Landebahn daherrollten. Sogenannte „schöne Bilder". Für manche vielleicht sogar „faszinierende Bilder". Und genau das meine ich. Aber ich will hier nicht weiter über diese Dinge philosophieren. Ich habe nur eine Menge Fragen. Je länger ich mit großer Leidenschaft in diesem Beruf arbeite, desto mehr. Zum Beispiel auch die Frage nach den Reaktionen, die wir auf technisch immer höherem und auch schnellerem Niveau mit solch geballter Kriegs- und Krisenberichterstattung provozieren. Leisten wir mehr, als nur Angst zu erzeugen? Müßten wir in unseren Reportagen nicht auch Mittel an die Hand geben, mit dieser Angst umzugehen? Provozieren wir nicht dadurch, daß die in der „Festung Europa" lebenden Menschen, in deren Wohnzimmer wir aus den Krisenherden der Welt über Satellit unsere Bilder senden, immer mehr Angst bekommen? Provozieren wir dadurch nicht, daß die Eingänge in diese „Festung" noch dichter verrammelt werden, als sie durch viele Gesetzesverschärfungen in den letzten Jahren sowieso schon sind? Wie gesagt, ich will hier nicht philosophieren. Schon gar nicht jetzt, wo ich von dieser Reise weitererzählen möchte. Aber es sind Fragen, die ich habe. Fragen, auf die ich eine Antwort suche. Und Fragen, die, finde ich, eigentlich eine Gesellschaft heftig diskutieren müßte. Eine Gesellschaft wie in Deutschland, der nicht 30 und nicht 50, sondern bald hunderte von Fernsehkanälen ins Haus stehen. Aber es herrscht, außer in den Diskutierecken der Medienspezialisten, eine merkwürdige Stille. Warum? In wessen Interesse?

Zurück zur Reise. Die Wolga ist wirklich faszinierend. Ein Fluß, der an manchen Stellen mehrere Kilometer breit ist, und sich dann wieder auf wenige hundert Meter verengt. Sie ist auch ein Fluß der Kirchen. Auf den Hügeln am Ufer stehen sie. Viele nur noch als Ruinen. Genauso wie die vielen, in den Seen der aufgestauten Wolga untergegangenen Kirchen, von denen nur noch der Glockenturm und das Kirchenschiff über die Wasseroberfläche herausragen. Meist standen sie im Mittelpunkt alter Dörfer und Siedlungen, die wegen des radikal durchgesetzten Staatsplans und dem damit verbundenen Bau zahlloser Schleusen und Wasserkraftwerke längst in den Fluten der Wolga versunken sind.

121

Leben auf der Wolga.

Tote Kirche in der Wolga.

Wir fahren auf die alte, traditionsreiche Handelsstadt Nishnij Nowgorod zu. Eine Stadt, die im Mittelalter eines der großen Handelszentren und eine der mächtigsten Städte Rußlands war. Sie hatte Verbindung bis weit in das westliche Europa hinein. Ihre Kaufleute und Seefahrer, aber auch ihre Soldaten, beherrschten einst weite Teile des russischen Nordens, durch den wir bis jetzt mit unserem Schiff gereist sind. Natürlich bin ich gspannt auf diese Stadt. Gespannt aber auch auf eine besondere Begegnung. Genauer gesagt: auf zwei Begegnungen. Auf die mit dem russischen Präsidenten Boris Jelzin und die mit einem seiner schärfsten Gegner, dem russischen Rechtsradikalen Wladimir Schirinowski. Beide haben sich für den gleichen Tag in Nishnij Nowgorod angesagt. Beide bereisen in diesem Sommermonat August die Wolga, um „unters Volk" zu gehen und ihre Anhänger (und Gegner) von der Richtigkeit ihrer Politik zu überzeugen. Und beide fahren im Augenblick auf ihren Schiffen nur einige Kilometer hinter uns. Schirinowski mit der Führungsspitze seiner fälschlicherweise „liberaldemokratisch" genannten Partei auf einem der großen Touristenschiffe. Jelzin auf einem vor kurzem für ihn in einer finnischen Werft auf Vordermann gebrachten, wahrhaft repräsentativen Passagierschiff mit dem Namen „Rossija", also „Rußland".

Es ist jetzt null Uhr dreißig. Wenn unsere Rechnung aufgeht, sind wir gegen zwei Uhr morgens im Hafen von Nishnij Nowgorod. Boris Jelzin wird, so verbreitete es sein Pressechef, um 9 Uhr in Nishnij an Land gehen und einen halben Tag dort verbringen. Wir wollen mit der Kamera dabei sein, denn weitab von Moskau ist an den russischen Präsidenten sehr viel leichter heranzukommen als in der Hauptstadt. Dort wird er stets von seiner Leibwache, von den Mitgliedern seines Presseamtes und, wie manche Journalisten, darunter auch ich, bitter sagen, „von seinen Hofschranzen", so stark abgeschirmt, daß spontane Begegnungen oder gar spontane Fragen an ihn so gut wie unmöglich sind. Wenn alles klappt, müßte unsere Rechnung eigentlich aufgehen. Wenn . . .

Ich steige hinauf zur Kommandobrücke, zu unserem reizenden Käpt'n Juri Iwanowitsch. Denn mir ist aufgefallen, daß unser Schiff an Fahrt verloren hat und seit 10 Minuten beinahe stillsteht. Dabei ist es noch mindestens ein Kilometer bis zur nächsten und damit letzten Schleuse vor Nishnij Nowgorod. Also Grund genug, mit Volldampf draufloszufahren. Aber genau das tun wir nicht. Warum eigentlich nicht? Juri Iwanowitsch steht neben dem großen Steuerrad, in der rechten Hand hält er das Mikrofon des etwas altertümlichen Funkgeräts. Aus dem Lautsprecher knarrt laut eine Stimme in ziemlich barschem Befehlston, unterbrochen von dem krachenden Geräusch einiger Funkstörungen. Juri Iwanowitsch diskutiert mit dem gefürchteten „Dispatcher", dem Chef der Schleuse vor uns. Der Kontakt mit diesen Herren ist immer ein mehr oder weniger unerfreuliches Ereignis. Sie fühlen sich als die Gebieter über sämtliche Schiffe, die in ihre Schleuse einfahren wollen, und das lassen sie jeden so kräftig wie möglich spüren.

„Leningrader, Leningrader, Sie verlassen sofort die Fahrrinne vor dem Schleusenbereich und werfen Anker. Sie bleiben 24 Stunden an Ort und Stelle und rühren sich nicht. Ende!"

Juri Iwanowitsch ist ziemlich verdutzt. Aber er weiß genau, daß ein unfreundlicher Ton von ihm die Sache nur noch schlimmer macht. Also bleibt er außerordentlich höflich und fragt freundlich nach dem Grund dieser Anordnung.

„Ich bin nicht befugt, Ihnen darüber Auskunft zu geben, Leningrader. Sie haben lediglich die Anordnung zu befolgen. Ende!"

Nun platzt mir und meinem Kollegen Igor, der auch auf

die Brücke gekommen ist, doch der Kragen. Dieser Herr da vorne in seinem Schleusenkontrollturm ist der bisher bei weitem Unverschämteste, den wir auf dieser Reise getroffen haben. Igor nimmt dem Käpt'n das Mikrofon aus der Hand und versucht dem „Dispatcher" mit einigermaßen deftigen Formulierungen zu erklären, wer wir sind und daß wir für das deutsche Fernsehen den russischen Präsidenten filmen wollen. Doch der Herr aller Schleusen bleibt stur. Nach einigem Hin und Her gibt er allerdings wenigstens einen Hinweis, was hinter dieser rätselhaften Anordnung steckt.

„Ab sofort ist die Wolga aus Sicherheitsgründen im Großbereich Nishnij Nowgorod für alle Schiffe gesperrt. Weiterfahrt ist erst erlaubt, wenn der russische Präsident Nishnij verlassen hat. Ende!"

Jetzt endlich verstehen wir. Es ist das alte Spielchen. Der Sicherheitsdienst hat direkte Anweisung gegeben. Boris Jelzins „Rossija" ist dicht hinter uns und wird bald an uns vorbeiziehen, um in die Schleuse einzufahren. Danach bleibt alles dicht, bis er am kommenden Nachmittag von Nishnij aus weiterfährt. Schluß, aus! Der Zar kommt, die Untertanen haben zu kuschen und stillzuhalten. Ich bin wütend. Aber natürlich weiß ich, daß das nichts hilft. Die alten Denk- und Befehlsstrukturen funktionieren noch wie früher. Anweisung ist Anweisung, und damit basta! Igor versucht dem Schleusenboß noch mal zu erklären, daß wir zur in Moskau akkreditierten internationalen Presse gehören, daß wir uns auf dem üblichen Weg in Nishnij bereits angekündigt und alle Drehgenehmigungen erhalten haben. Dies könne er bei der zuständigen Verwaltung in Nishnij nachprüfen lassen. Doch das ist dem Herrn alles piepegal. Es bleibt dabei. Juri Iwanowitsch gibt an seine Schiffsjungs die Anweisung, Anker zu werfen. Was soll er auch sonst tun, wenn er sein Kapitänspatent nicht riskieren will. Hier sitzen wir nun. Es ist ein Uhr nachts und wenn uns nichts einfällt, dann wird aus dem „Dreh" mit Boris Jelzin morgen nichts. Aber ganz so einfach wollen wir es den Sicherheitsbürokraten nun doch nicht machen. Wir nehmen mit unserer „Geheimwaffe" Verbindung auf. An der Uferstraße in der Nähe der Schleuse warten nämlich Mischa und Jewgeni, unser zweites Kamerateam, in unserem VW-Bus. Sie begleiten das Schiff an Land und sind stets bereit, wenn wir uns entschließen, irgendwo anzulegen, um einer Geschichte nachzugehen. Wir haben einen Plan entwickelt. Wir wollen das Rettungsboot vom „Leningrader" zu Wasser lassen und mit Wolodja und Larissa, unserem „Schiffskamerateam", ans Ufer rudern. Dort sollen uns Mischa und Shenja in Empfang nehmen. Dann fahren wir eben die letzten 29 Kilometer nach Nishnij nicht mit dem Schiff, sondern mit dem Auto. Das Schiff kommt nach, sobald es die Genehmigung zur Weiterfahrt erhält. Gesagt, getan. Mischa blinkt drüben an Land immer wieder mit dem Fernlicht, damit wir wenigstens ungefähr wissen, wo der VW-Bus steht. Dann rudert ein Schiffsjunge das mit sämtlichem Gerät und uns bepackte Rettungsboot an Land. Juri Iwanowitsch hat den großen Suchscheinwerfer auf der Kommandobrücke eingeschaltet und leuchtet das in ein paar hundert Meter Entfernung liegende Ufer an, damit wir wenigstens die Richtung nicht verlieren. Mir beginnt die Sache Spaß zu machen. Es ist fast schon eine Art konspirative Operation.

„Wir sind hier die letzten Partisanen!" sagt Igor grinsend. Der Schiffsjunge wird mit dem Rettungsboot zurückrudern, sobald er uns abgesetzt hat. Vielleicht beobachtet ja doch irgendein Sicherheitsbeamter die ganze Aktion und steht schon am Ufer, um uns „abzukassieren". Wir werden ihn unter heftigem Protest solange beschäftigen, bis wenigstens das Rettungsboot wieder in Sicherheit ist. Aber dazu kommt es nicht. Außer unserem VW-Bus, zu dem wir uns durch das Dickicht der Uferböschung durchschlagen, steht dort niemand. Immerhin, soweit ist es schon geschafft. Der Rest ist ein Kinderspiel. Trotzdem werden wir noch einmal aufgehalten. Aus einigen Häusern eines Dorfes, an dem wir vorbeifahren, schlagen hohe Flammen und leuchten unheimlich durch die Nacht. Funken stieben aus einem zusammenbrechenden Dachstuhl und wehen quer über das Dorf. Durch die große Hitze kommt Wind auf und läßt die Flammen noch höher lodern. Solche Brände sind für ein russisches Dorf enorm gefährlich. Denn so gut wie alle Häuser sind in der Regel aus Holz gebaut und brennen sofort wie Zunder. Als wir in das Dorf hineinfahren, trifft gerade die Feuerwehr mit ihrem ziemlich alten Spritzenwagen ein. Bei den schon brennenden Häusern ist nicht mehr viel zu löschen. Wichtiger ist, zu verhindern, daß die Flammen auf die anderen Häuser übergreifen und das restliche Dorf in Brand setzen. Den Feuerwehrleuten gelingt es schließlich, das zu verhindern. Ich frage die ziemlich aufgeregten Dorfbewohner, die sich um den Brandherd herum versammelt haben, wie es denn zu dem Brand kam. Betrunkene, sagen sie, hätten das Feuer verursacht. Das wäre zumindest nicht ungewöhnlich. Es ist Freitagabend und der endet nicht nur auf dem Land häufig mit einem kräftigen Besäufnis. Wir machen uns wieder auf den Weg, denn inzwischen sind wir alle zum Umfallen müde und morgen wird es eine Menge zu tun geben. Glücklicherweise müssen wir wenigstens kein Hotel ausfindig machen, denn das hat bereits ein russischer Kollege für uns getan. Wir hatten sowieso vor, uns dort einzuquartieren, wo auch der Pressestab des Präsidenten seit einigen Tagen Quartier genommen hat, um Jelzins Besuch in Nishnij Nowgorod vorzubereiten. Je näher man an diesen Herren dran ist, desto besser. Gegen halb vier Uhr morgens falle ich wie ein Stein in das viel zu kurze Hotelbett und schlafe innerhalb weniger Sekunden ein – trotz des atemberaubenden Geruchs nach irgendwelchen chemischen Lösungsmitteln und frischer Farbe, mit der das Zimmer gerade gestrichen worden ist.

Nächster Morgen neun Uhr: Boris Jelzin ist ganz in Ferienstimmung. Ohne Krawatte und Jackett steht er in einem leichten Sommerhemd und grauer Hose an der Reling der „Rossija" und grüßt jovial zu der überraschend kleinen Ansammlung der Nishnij Nowgoroder Bevölkerung herüber. Das wäre vor zwei Jahren nicht denkbar gewesen. Damals hätten sehr wahrscheinlich ein paar Tausend an der Hafenmole gestanden, um ihren Präsidenten zu begrüßen. Doch die Zeiten haben sich geändert. Jelzins Popularität ist überall in Rußland enorm gesunken. Das liegt gewiß an den Auswirkungen der Wirtschaftskrise, die großen Teilen der normalen Bevölkerung, jedenfalls bis jetzt, vor allem einen sozialen Abstieg beschert hat. Auch nach offiziellen Angaben leben inzwischen mehr als 30 Prozent unter der sogenannten Armutsgrenze. Vermutlich sind es sehr viel mehr. Ich selbst bin der festen Überzeugung, daß diese Entwicklung nicht zu umgehen war, egal welcher Präsident dieses ebenso riesige wie schwierige Land führt. Politiker und Fachleute, die das Gegenteil behaupten, lügen entweder, oder überschauen die tatsächlichen Verhältnisse nicht. Was aber trotz allem zu vermeiden gewesen wäre, ist das unglaubliche Durcheinander und das gelegentlich regelrecht überfallartige Durchführen bestimmter Maßnahmen der politischen und wirtschaftlichen Reformen. Wenn an einem Samstagvormittag gegen elf Uhr plötzlich der verdutzten russischen Bevölkerung über das Fernsehen mitgeteilt wird, daß ihre alten Banknoten in kürzester Frist nichts mehr wert sein werden, sofern sie diese nicht ganz rasch irgendwo gegen neue eintauschen, dann muß sich niemand über die dadurch verbreitete Angst bei den Menschen wundern. Besonders in einem Land mit derart unterentwickeltem Bank- und Sparkassenwesen wie in Rußland. Zurecht traut diesen Institutionen immer noch niemand über den Weg. Also ziehen es viele vor, gar nicht erst irgendwo ein Konto einzurichten, sondern bewahren ihr Geld zuhause auf. Ganz besonders die Menschen draußen auf dem Land. Diese Aktion begleiteten im übrigen mehrere „Finessen". Eingetauscht werden durften nämlich nur Banknoten bis zu einem Betrag von 100 000 Rubel. Das war zu diesem Zeitpunkt der Wert von umgerechnet etwa 150 DM. Wer mehr davon besaß, konnte die Scheine zwar bei den Filialen der Staatssparkassen abgeben. Angeblich sollte er dann in sechs Monaten den Gegenwert in neuen Scheinen bekommen. Das bedeutete aber nichts anderes als eine Beraubung der eigenen Bevölkerung. Denn in sechs Monaten wird die zu diesem Zeitpunkt galoppierende Inflation den realen Wert der alten Scheine längst aufgefressen haben. Noch ein zweites Dilemma begleitete die wahrhaft atemberaubende Aktion. Die Staatssparkassen hatten nämlich selbst gar nicht genügend neue Scheine bereit, um sie gegen die alten einzutauschen. Selten habe ich so wütende Moskauer vor den Bankfilialen gesehen, die mit voller Billigung der politischen Führung, allen voran Boris Jelzin, auf diese Weise um einen großen Teil ihrer Ersparnisse gebracht wurden. Auch wenn Jelzin die Auswirkungen dieser Nacht- und Nebelaktion später durch einen Präsidentenerlaß abzumildern versuchte: egal in welchem europäischen Land, das wäre für jeden Politiker das Todesurteil gewesen. Nicht so in Rußland. Direkte Folgen hatte es für keinen der Verantwortlichen. Außer einem gewaltigen Einbruch der Popularität von Jelzin und den Demokraten. Wen wundert das? Die gelegentlich äußerst spontanen und selbst für Insider nur schwer, wenn überhaupt, durchschaubaren Aktionen und Erlasse des Präsidenten und seines „Apparates" haben sein Image schwer beschädigt. Und schließlich die Streitereien unter den Reformern und Demokraten, die sich immer noch nicht zu einheitlichem Handeln durchringen können, um wenigstens jetzt zu retten, was zu retten ist. Jetzt, da sie im Parlament längst in der Minderheit sind und die Altkommunisten und Nationalbolschewisten einschließlich des rechtsradikalen Demagogen Schirinowski zumindest im Parlament versuchen, den Kurs zu diktieren. Wenn ich bis zu diesem Zeitpunkt meiner Reise quer durch Rußland eines gelernt habe, dann dieses: Was schon in Moskau kaum jemand versteht, draußen in der Provinz, also im eigentlichen Rußland, erscheinen die Vorgänge im Moskauer Staatstheater vielen völlig rätselhaft. Die Konsequenz liegt auf der Hand. Viele haben sich von den Reformern und Demokraten abgewandt, verfallen in Apathie und Gleichgültigkeit oder sie geben ihre Stimme, wie bei den letzten Parlamentswahlen, Demagogen wie Schirinowski. Insgesamt eine äußerst ungute Entwicklung.

So also ist es in meinen Augen zu erklären, warum nur ein kleines Häuflein von vielleicht hundert Menschen Jelzin an der Mole des Hafens von Nishnij Nowgorod erwartet, als er von Bord geht. Er selbst ist trotzdem guter Stimmung. Entweder bemerkt er es nicht, oder er erwartet schon nichts anderes mehr. Dabei hat er in Nishnij Nowgorod eigentlich ein „Heimspiel". Denn diese Stadt ist eine sogenannte Sonderwirtschaftszone, in der eine ganze Reihe von Ausnahmebestimmungen gelten, die Unternehmensgründungen erheblich leichter machen als anderswo in Rußland. Vorangetrieben wird diese Entwicklung von einem der fähigsten Köpfe aus der jungen russischen Politikergeneration, dem 34 Jahre alten ehemaligen Physiker Boris Njemzow, den Jelzin als Gouverneur in dieser Region eingesetzt hat. Ein agiler junger Mann mit unkonventionellen Ideen und großer Durchsetzungskraft. Mit der Wahl dieses Mannes hatte Jelzin tatsächlich den richtigen „Riecher", was sich bei seiner Personalpolitik durchaus nicht immer sagen läßt.

Die beiden umarmen sich bei der Begrüßung demonstrativ und herzlich zugleich. Der junge Gouverneur macht keine schlechte Figur, denn er ist durchaus selbstbewußt und ebenfalls über 1,90 Meter groß, weshalb er nicht, wie so viele andere, von der massigen Gestalt des russischen Präsidenten erdrückt wird. Jelzin genießt es sichtlich, sich auf „heimischem" Boden zu bewegen. Nishnij ist, ebenso wie Moskau und St. Petersburg, jedenfalls bis jetzt noch, eine der wenigen verbliebenen Hochburgen der Reformer. Auf dem Weg zur bereitstehenden Wagenkolonne macht er noch einen der üblichen Schlenker vorbei an den Journalisten, die von seinem Presse- und Sicherheitsdienst hinter einer Absperrung versammelt worden sind. Darunter stehen auch wir. Ich selbst bin bei jeder Begegnung mit ihm aufs neue gespannt, wie er auf mich wirkt. In den letzten knapp drei Jahren, in denen ich ihn beobachten konnte, war er höchst unterschiedlich in Form. Einschließlich eines denkwürdigen Auftritts noch vor dem alten, von den Kommunisten dominierten, sogenannten „Volksdeputiertenkongreß". Ein Auftritt, bei dem er leicht schwankend hinter dem Rednerpult stand und eine einigermaßen sonderbare Rede hielt. Sein Pressechef ließ hinterher verbreiten, der Präsident sei vom Tennisspielen und einem anschließenden Saunaaufenthalt gekommen und deshalb schwer übermüdet gewesen. Andere fanden eine erheblich einfachere Erklärung: Der Mann hatte ganz einfach einen zuviel getrunken.

Heute macht Jelzin keinen schlechten Eindruck. Er scheint diesmal vor Gesundheit zu strotzen und all jene Lügen zu strafen, die immer wieder Bedenkliches über seine angeblich schwer angeschlagene Gesundheit verbreiten. Was da wirklich dran ist, weiß auch von den Journalisten niemand, die trotzdem gern darüber spekulieren. Außer dem Hinweis auf entsprechende Gerüchte „aus der Umgebung" des Präsidenten hat aber bisher keiner Belege beigebracht. Ich persönlich glaube, daß Jelzin zumindest gelegentlich mit dem Alkoholgenuß Probleme hat. Dafür gibt es inzwischen einfach zu viele Hinweise bei öffentlichen Auftritten des russischen Präsidenten. Mindestens zwei Staatsbesuche haben das gezeigt. Der eine davon war der Ende August 1994 in Berlin zur Verabschiedung der russischen Truppen aus Deutschland. Einige Journalisten, die mir nahestehen und deren Auskünfte ich für seriös und glaubwürdig halte, haben mir detailliert davon berichtet. Eine andere Gelegenheit sorgte für einen internationalen Skandal. Auf dem Rückflug aus den USA, wo sich Jelzin mit dem amerikanischen Präsidenten Clinton traf, war eigentlich ein kurzer Zwischenaufenthalt in Irland geplant. Die wichtigsten Minister der irischen Regierung einschließlich des Ministerpräsidenten warteten allerdings vergeblich an Jelzins Flugzeug. Der Präsident stieg nicht aus. Statt dessen kam der stellvertretende Ministerpräsident Rußlands, der Jelzin begleitete, die Gangway herab und sagte, daß Jelzin krank sei und deshalb nicht aussteigen könne. Ein paar Stunden später strafte ihn Jelzin allerdings persönlich Lügen. Als er nach der Landung in Moskau auf dem Regierungsflughafen Wnukowo 2 eine kurze Pressekonferenz gab, verkündete Jelzin dort fröhlich, seine Begleitung habe ihn nicht geweckt. Die ganze Art und Weise, wie er das verkündete, ließ, jedenfalls aus meiner Sicht, nur darauf schließen, daß er immer noch eine Menge von dem Stoff im Blut hatte, der ihn auch in Irland am Aussteigen gehindert hatte – Alkohol.

Wie dem auch sei, bei seinem Auftritt hier in Nishnij gibt es, jedenfalls äußerlich, nicht das geringste Anzeichen auf Alkohol oder gar eine schwere Krankheit des Präsidenten. Inzwischen ist er bei den auf der Mole versammelten Journalisten angekommen und läßt sich aufs Plaudern ein. Es gelingt uns, eine Frage durchzurufen, wie er denn über Deutschland im Zusammenhang mit dem Abzug der russischen Truppen denke.

„Ich habe ein sehr gutes Gefühl", ruft er mit etwas erhobener Stimme zurück. „Beide Seiten haben alle ihre Verpflichtungen erfüllt, die Deutschen haben die versprochenen Siedlungen für die zurückkehrenden Soldaten in Rußland gebaut. Nein, ich bin sehr zufrieden und verspreche, daß der letzte russische Soldat ganz gewiß am 31. August 1994 deutschen Boden verläßt!" Sprach's und unterhielt sich noch ein wenig mit dem örtlichen Korrespondenten des russischen Fernsehens, bevor er mit dem jungen Gouverneur und dem kleinen Pulk seiner Sicherheitsleute endgültig auf die wartende Wagenkolonne zuging.

Obwohl in Nishnij Nowgorod vieles wirtschaftlich besser läuft als in anderen Städten und Regionen Rußlands, Probleme gibt es auch hier eine Menge. Das wird auch an der alten und wieder sehr schön restaurierten Messehalle im Zentrum der Stadt deutlich, vor der Jelzin und der Gouverneur Njemzow kurz danach eintreffen. Vor der Halle sind auf einem Parkplatz für russische Produktion sehr modern aussehende Kleinlaster des bis vor kurzem rein staatlichen Autogiganten GAZ aufgefahren. Der Generaldirektor Nikolai Pugin führt Jelzin an den Autos entlang und erklärt ihm seine Bemühungen, ein neues, auch international attraktives Programm aufzulegen, um der gewaltigen Autofabrik mit insgesamt 140 000 Arbeitern und Angestellten wieder auf die Beine zu helfen. Ein enorm schwieriges Unterfangen, obwohl GAZ als Renommierbetrieb der alten Sowjetunion durchaus über zum Teil recht moderne Produktionsanlagen verfügt. Dort wurden und werden auch die russischen „Wolgas" hergestellt. Viertürige Personenkraftwagen, die freilich allenfalls in Rußland und den GUS-Staaten zu verkaufen sind und selbst dort gegenüber den modernen japanischen und einigen europäischen Autos immer mehr ins Hintertreffen geraten. Diesem inzwischen in eine offene Aktiengesellschaft umgewandelten Autokonzern auf die Beine zu helfen, ist eine

133

wahrhaft titanische Aufgabe, die kurzfristig gar nicht zu lösen ist. Andererseits: Man rechnet, daß rund 350000 Menschen von dieser Fabrik abhängen, wenn man die Familienmitglieder und sämtliche Sozialeinrichtungen inklusive eigener Sanatorien und Erholungsheime mit einkalkuliert. Und auch hier stellt sich das Problem so, wie bei dem metallurgischen Kombinat von Tscherepowetz, von dem ich bereits weiter oben erzählt habe: GAZ ganz absakken, das heißt für bankrott erklären zu lassen, kann sich niemand leisten, wenn er nicht erhebliche soziale Unruhen in Kauf nehmen will, die am Ende vielleicht außer Kontrolle geraten. Natürlich versucht der Generaldirektor, dem russischen Präsidenten Jelzin gegenüber die Perspektiven seines Werkes so positiv wie möglich darzustellen. Einen Tag später besuche ich ihn selbst im Werk, um Klarheit über die tatsächliche Lage zu bekommen. Bei diesem Gespräch ist er verständlicherweise sehr viel entspannter und durchaus offen. Eine besondere Schwierigkeit seines Betriebes ist, daß ein Teil der Produktion stets Rüstungszwecken gedient hat, bis hin zu Schützenpanzerwagen und Teilen für andere Militärfahrzeuge. Diese Produktion ist praktisch über Nacht zusammengebrochen, da die Armee selbst im Vergleich zu früher nur noch wenig Geld hat und die ehemaligen Staaten des Warschauer Pakts so gut wie nichts mehr abnehmen. Auch dies ist ein Dilemma der meisten großen Industriebetriebe. Fast jeder hat irgend etwas zur Rüstungsproduktion beigetragen. Doch dieser Markt ist zusammengebrochen. In einem Betrieb wie GAZ ging das sogar noch weiter. Es darf laut verschiedener Quellen als sicher gelten, daß irgendwo auf dem riesigen Werksgelände versteckt auch Atomreaktoren betrieben wurden oder sogar noch werden. Auch das kann nur Forschungs- und damit zugleich auch Rüstungszwecken gedient haben. Es ist genau diese unglaubliche Verschachtelung und Verzahnung unterschiedlichster Bereiche der stets geheimnisumwitterten kommunistischen Staats- und Kommandowirtschaft, die zu entflechten eine fast nicht lösbare Aufgabe ist. Auch und erst recht in Nishnij Nowgorod, das früher den Namen Gorki trug und über Jahrzehnte hinweg zu einem bedeutenden Rüstungszentrum ausgebaut wurde. Nicht zufällig liegt rund 100 Kilometer entfernt von hier auch jene hochgeheime Atomstadt Arsamas 16, ein „nukleares Technopolis", wie es eine russische Kollegin aus dieser Gegend genannt hat. Sie war schon mehrmals dort und kennt sich ausgezeichnet aus. In diesem Arsamas 16 arbeitete übrigens von 1949 bis 1968 der spätere Dissident und Menschenrechtler Andrej Sacharow zusammen mit anderen Atomphysikern am Konzept der russischen Nuklearrüstung. Später wandte er sich dann vom Regime der kommunistischen Partei ab und entwickelte sich zu einem ihrer konsequentesten Kritiker.

Boris Jelzin ist einigermaßen flott durch die Messehallen im Stadtzentrum marschiert, denn es steht noch sein Lieblingssport auf dem Programm: Tennis. Der junge Gouverneur Njemzow, der seinen Präsidenten natürlich ausgezeichnet kennt, hat extra zu dessen Besuch mehrere Tennisplätze errichten lassen. Und das mit roten Aschebelägen, in Rußland wahrlich eine Seltenheit. Boris Jelzins Aufgabe ist es, diese Tennisplätze in einem Park am Rande des Stadtzentrums feierlich einzuweihen und danach ein Jugendturnier zu eröffnen, an dem auch sein Enkel teilnimmt. Eine Aufgabe, die Jelzin natürlich besonders gerne wahrnimmt. Ich selbst empfinde es als unpassend, daß ausgerechnet sein Enkel die Ehre bekommt, nach feierlicher und namentlicher Ankündigung am Rand der Tennisplätze vor großem Publikum die russische Fahne unter Abspielen der Nationalhymne hochzuziehen. Es ist offenbar doch sehr schwierig, sich vom alten Funktionärs- und Kastenstil zu lösen. Gewiß wäre es keine schlechte Geste gewesen, diese Aufgabe, wenn sie denn schon sein muß, einem ganz

135

normalen und eben gerade nicht prominenten Jugendlichen aus Nishnij zu übertragen. Nun bin ich Journalist und habe mich nicht als Lehrmeister für andere, schon gar nicht für Rußland, aufzuspielen. Aber warum soll ich verheimlichen, daß mich dieses Verfahren doch sehr gestört hat?

Jelzin strahlt und ist in seinem Element. Denn er soll den ersten Ball auf dem neuen „centre-court" von Nishnij Nowgorod schlagen. Er läßt sich dazu von seinem Enkel den Tennisschläger bringen und serviert dem jungen Gouverneur unter großem Amüsement des Publikums einen übrigens gar nicht schlechten Aufschlag. Der Gouverneur richtet es so ein, daß er den Aufschlag nicht erreicht. Beifall, Ende der Zeremonie. Nun beginnen die Jugendlichen zu spielen. Erraten Sie, wer zum ersten Spiel antritt? – Richtig. Boris Jelzins 13jähriger Enkel.

Von jetzt an geht alles sehr schnell. Nach einer Viertelstunde verläßt Jelzin plötzlich die Zuschauertribüne der kleinen Tennisarena. Geplant war, daß er mit Njemzow noch ein wenig durch die Stadt schlendert, bevor er wieder zurück aufs Schiff geht. Geplant war außerdem, daß wir nach Abschluß des Besuches noch ein kleines Interview mit dem Gouverneur führen. Doch es kommt alles ganz anders. Bevor wir es richtig begriffen haben, fährt Jelzins Wagenkolonne in hohem Tempo zum Hafen. Sie besteigen das Schiff und legen ab – samt unserem jungen Gouverneur, den Jelzin kurzerhand mitgenommen hat und der die nächsten Tage auf die unwiderstehliche Einladung des russischen Präsidenten hin auf dem Schiff verbringt. Danach wird er Boris Jelzin in den Urlaub in den Schwarzmeerkurort Sotschi begleiten. Jener in der alten Sowjetunion berühmte Kurort, der auch das Ziel unserer Reise ist. Dort ankommen werden wir allerdings frühestens in zwei Wochen. Bis dahin ist Jelzin längst wieder weg.

Als Jelzins Schiff „Rossija" abgelegt hat und der Flußmitte der Wolga zustrebt, kreuzt ihm plötzlich ein kleines

Passagierschiff hastig am Bug vorbei. Ich muß lachen. Es ist unser „Leningrader" mit Käpt'n Juri Iwanowitsch auf der Brücke. Er hat nun endlich die Durchfahrtserlaubnis bekommen. Also, soviel ist immerhin sicher: Unsere Reise wird weitergehen. Dicht hinter dem „Leningrader" schwimmt noch ein Schiff. Die großen goldenen Lettern mit dem Namen des Schiffes am Bug glänzen in der Sonne. „Alexander Puschkin", der Name jenes berühmten russischen Dichters, ist dort zu lesen. Es ist eines der großen Touristenschiffe, die die Wolga befahren. Mit diesem Schiff aber hat es eine besondere Bewandtnis. Es wurde von einem in Rußland und inzwischen auch im Ausland nicht ganz unbekannten Mann für eine Woche gechartert, um auf der Wolga zu reisen und bei einigen großen Städten, darunter auch Nishnij Nowgorod, Halt zu machen: von Wladimir Wolfowitsch Schirinowski. Der steht im weißen Leinenanzug an der Reling auf dem Oberdeck und grüßt mit einer jovialen Geste, die der von Boris Jelzin zum Verwechseln ähnlich ist. Ganz so, als wäre er selbst bereits der amtierende Präsident. Umgeben wird er von rund 30 Mitgliedern seiner Entourage und einigen Fernsehkameras, deren Anwesenheit er stets genießt. Was Schirinowski angeht, mit dem ich seit seinem erschreckenden Wahlerfolg vom 12. Dezember 1993 in Moskau immer wieder zusammen war und mit dem ich einige Interviews geführt habe: Zu diesem Herrn habe ich eine sehr dezidierte Meinung. Er ist ein emotional höchst labiler Paranoiker, eine Art gefährlicher Gefühlsrechtsradikaler. Allerdings zugleich ein begnadeter Volksschauspieler und Demagoge. Eine jener Figuren, wie sie der Rechtsradikalismus immer wieder hervorgebracht hat. Er besitzt ein großes Talent, gezielt auf der Klaviatur der Vorurteile zu spielen. Seine Reden strotzen vor Rassismus und Großrussentum primitivster Natur. Sollte das unglückliche und mit, weiß Gott, vielen Problemen geschlagene Rußland diesem Mann einmal eine echte Machtposition einräumen, wäre das ohne Frage eine große Gefahr. Ich persönlich glaube allerdings nicht, daß er je wirklich entscheidende Macht in die Hände bekommt. Mein Eindruck ist vielmehr, daß er den Zenit bereits überschritten hat und tatsächlich eine Übergangsfigur bleibt, die in Zeiten großen Umbruchs nach oben gespült wurde. Er versteht es allerdings ganz hervorragend, an die Gefühle der einfachen Menschen und übrigens auch der Armee zu appellieren. An die Gefühle jener Menschen, die tatsächlich in großen Problemen stecken. Deshalb läßt es sich am Ende jedenfalls nicht hundertprozentig ausschließen, daß er nicht doch noch irgendwo eine Hintertür zur Macht findet. Ich will es nicht hoffen und, wie gesagt, ich glaube es am Ende auch nicht.

Eine kleine Irritation freilich bleibt. Am Kai von Nishnij Nowgorod warten erheblich mehr Menschen auf Schirinowski, als am Morgen auf den russischen Präsidenten gewartet hatten. Einer von ihnen schwingt eine große, schwarz-gold-weiße Monarchistenfahne. Von den örtlichen Führern seiner sogenannten „Liberaldemokratischen Partei" bekommt er unter dem Beifall des Publikums einen riesigen Strauß roter Rosen überreicht. Auf einem Transparent steht in großen Buchstaben: „Der Führer auf dem Weg zur Macht!" Dann zieht die ganz Kolonne in einen Park im Stadtzentrum, wo der von großen Lautsprechern verstärkte Auftritt Schirinowskis alle Erwartungen erfüllt.

„Das Verbrechertum nimmt überhand in Rußland! Hier muß man mit aller Härte vorgehen. Wenn ich an der Macht bin, das verspreche ich Ihnen, dann werden wir jeden Tag tausend Banditen verhaften und in die Gefängnisse werfen!" Beifall von den rund 300 Zuhörern.

„Und unsere so mißachteten Soldaten, um sie werden wir uns ganz besonders kümmern. Wir werden verhindern, daß sie mit irgendwelcher Kost aus Asien oder aus dem Kaukasus verpflegt werden. Sie sollen wieder eine ordentlich russische Küche bekommen. Auch unsere Jungs, die im Augenblick in Tadshikistan an der Grenze zu Afghanistan stehen und dort die Grenzen Rußlands verteidigen. Einmal mit einer ordentlichen Rakete hineinhauen in die Masse der islamischen Kämpfer auf der anderen Seite in Afghanistan, hineinhauen auf die Mudshaheddin, dann wäre das Problem sehr viel einfacher zu lösen!" Beifall von den rund 300 Zuhörern.

Wie gesagt, Schirinowski erfüllt die Erwartungen und verschafft jenen Russen, die den Zerfall der einst mächtigen Sowjetunion und den jetzigen Zustand Rußlands als große Demütigung empfinden, kurzfristig ein Gefühl der Befriedigung. Auch wenn seine demagogischen Reden mit auch nur halbwegs realistischer Politik nicht das geringste gemein haben. Dennoch: Genauso haben seine Reden im russischen Fernsehen unmittelbar vor den ersten wirklich freien Parlamentswahlen in Rußland gewirkt und ihm, zu unser aller Überraschung, weit mehr Stimmen eingebracht, als jeder der demokratischen Reformparteien. Auch der „Wahl Rußlands", der Partei des Wirtschaftsreformers Gaidar und zugleich heimlicher Präsidentenpartei, die von Jelzin allerdings nie wirklich offen und für jeden laut vernehmbar unterstützt wurde. Doch während des gesamten Wahlkampfs damals und übrigens auch bis heute haben es die Demokraten nicht verstanden, sich auf einfache und doch seriöse Weise den Menschen verständlich zu machen. Sie sind letztlich nicht aus dem „Studierstubendialekt" und einer abstrakt wirtschaftspolitischen Sprache herausgekommen und haben dafür bitter bezahlt. Ganz abgesehen von ihrer bis zum heutigen Tag andauernden Unfähigkeit, sich zu einer Art demokratischer Front zusammenzutun. Statt dessen überwiegen die Einzelegoismen und Gruppenkämpfe, von denen ich ja bereits gesprochen habe. Letztlich hat erst das, zusammen mit einer gelegentlich völlig unverständlichen Politik des Präsidenten,

einem Demagogen wie Schirinowski solchen Auftrieb gegeben.

Da ich Schirinowskis Reden schon oft gehört habe, be-
schließe ich, die Dreharbeiten abzubrechen und hinunter
zum Hafen zu fahren, wo „Der Leningrader" inzwischen
sicher irgendwo festgemacht hat. Und richtig. Er liegt an
einer kleinen Mole hinter dem Haupthafen, und Dima, unser russischer Ingenieur, baut gerade unsere Satellitensendeanlage am Ufer auf. In vier Stunden werden wir live in
die „ARD Tagesthemen" senden. Danach werden wir alle
zusammen ein kleines „Wässerchen" zu uns nehmen und
todmüde in die Kajütenbetten fallen. Wie so oft auf dieser
Reise, die sich nun doch zu einem ziemlich anstrengenden
Unternehmen entwickelt hat. Aber auch zu einem sehr
spannenden.

X.

Lenin lebt!

„Meine Meinung ändern? – Wieso eigentlich? Das soll mir doch mal jemand erklären!"

Der alte Mann kann nur mühsam seine Erregung unterdrücken.

„Ich will Ihnen mal was sagen, meine Meinung über Lenin zu ändern, dazu habe ich nicht den geringsten Grund. Lenin war und ist eine große Person der Geschichte. Damit das ganz klar ist! Und: Er hat die Sowjetunion gegründet. Das war ein guter Staat. Schauen Sie sich doch mal an, was wir jetzt haben. Ist das vielleicht besser? Unordnung überall. Die Leute müssen Angst um ihren Arbeitsplatz haben. Die Inflation, die unsere Renten auffrißt. Nein, das war früher ganz anders. Und dieser Jelzin hat das alles kaputtgemacht. Und der Gorbatschow. Nein, Lenin ist und bleibt eine Orientierung für mich!"

Der Alte trägt die bunte Plastikspange der Veteranen am Revers seines abgetragenen grauen Anzugs. Immerhin, er hat bereitwillig auf meine Fragen vor der laufenden Kamera geantwortet. Viele Leute, die so denken wie er, lehnen Interviews vor einer westlichen Kamera rundweg ab. Vielleicht hat er es getan, weil er seinen Enkel mitgebracht hat. Ein 12jähriger Junge in Trainingshose mit westlichem T-Shirt und amerikanischen „Nike"-Turnschuhen. Der alte Mann hat seinen Enkel mitgebracht, um ihm sein Vorbild zu zeigen. Hier in dem kleinen Holzhaus, in dem die

Familie Uljanow mit ihren vier Kindern sechs Jahre gelebt hat. Eines der Kinder war der kleine Wladimir Iljitsch Uljanow, später Lenin genannt. Nach Lenins Tod wurde seine Geburtsstadt, die heute immerhin 650 000 Einwohner hat, nach seinem ursprünglichen Familiennamen benannt – Uljanowsk. Bis dahin hieß sie Simbirsk. Ein Wort aus der Sprache des Volksstammes der Tschuwaschen. Ins Deutsche übersetzt heißt Simbirsk der „Hügel der Winde". Die Stadt liegt auf einem Hügel am rechten Ufer der Wolga. Der Wind bläst dort oft durch das breite Tal des Flusses die Hügel hinauf.

Das kleine zweistöckige Holzhaus, in dem wir uns befinden, wurde, wie alles, was in dieser Stadt mit dem Leben Lenins zu tun hat, in ein Museum umgewandelt. Lenins Vater war zum Zeitpunkt des Einzugs der Familie 1878 bereits Inspektor für die Schulen im Verwaltungsbezirk Simbirsk. Deshalb ist das Haus das einer zu dieser Zeit durchaus wohlhabenden, mittelständischen Beamtenfamilie. Innen ist alles sauberst aufpoliert. Tritt man von der Diele in das Empfangszimmer, beginnt ein im Klavier verstecktes Tonband leise Chopin zu spielen. Eine feierlich-museale Stimmung verbreitet sich. Automatisch senkt man die Stimme, um die weihevolle Atmosphäre nicht zu stören. Blank geputzte kleine Messinglampen, helle Vorhänge aus groben Spitzen, frische Blumen auf dem großen Eßtisch im Wohnzimmer. Auf dem Tisch steht außerdem ein Schachspiel mit schönen geschnitzten und lackierten Figuren aus Holz, an dem Lenin angeblich mit seinem Vater gespielt haben soll.

Die grelle Stimme der Museumsführerin holt mich aus der gedämpften Stimmung wieder zurück. Sie sprudelt ihr Wissen heraus. Dabei ändert sie ihre Stimmlage kaum. Sie hat all das gewiß schon einige tausendmal erzählt. Daß Lenins Mutter eine gebildete Frau war, die in vier Sprachen lesen konnte: englisch, französisch, deutsch und russisch.

Daß Lenins älterer Bruder Sascha, der sich sehr für Natur-
wissenschaften interessierte, einen starken Einfluß auf seinen jüngeren Bruder Wladimir Iljitsch ausübte. Bis Sascha
wegen der Verwicklung in einen Attentatsversuch auf Zar
Alexander III. in Sankt Petersburg im Mai 1887 hingerichtet wurde. Sascha war damals bald nach dem Beginn seines
Studiums in Sankt Petersburg in die revolutionäre Studen-
tenbewegung eingetreten. Lenin soll, so schildert es die
Führerin, nach dem Tod seines Bruders gesagt haben: „Wir
gehen einen anderen Weg!" Weniger blutig war er jedenfalls nicht.

Die Museumsdirektorin ist ganz enttäuscht, als sie bemerkt, daß mein Interesse an der musischen Betätigung
der Familie Uljanow nicht allzugroß ist. Ich will statt dessen von ihr wissen, wie sie selbst denn ganz persönlich diesen Lenin, den sie seit Jahren dem besuchenden Publikum
präsentiert, wie sie denn selbst diesen Lenin heute sieht.
Sie weicht zunächst bewußt aus.

„Er ist eine große Person der Zeitgeschichte, das ist un-
bestritten!"

„Und wie sehen Sie ihn selbst ganz persönlich, war er
denn so fehlerlos, wie sich das bei Ihrer Führung anhört?"
wiederhole ich.

Sie wird rot, aber dann fängt sie sich wieder.

„Jeder Mensch hat Fehler. Auch Lenin hatte seine
menschlichen Fehler. Aber wir alle sind angehalten, aus
diesen Fehlern zu lernen, zu lernen und nochmals zu lernen, daß wir sie selber nicht begehen", sagt sie mit erhobener, äußerst lehrerhafter Stimme und benutzt dabei die
Worte Lenins, die noch heute an den Gebäuden vieler
Schulen Rußlands stehen: „Lernen, lernen und nochmals
lernen!"

Auf eine letzte Nachfrage hin wird sie endlich etwas weniger abstrakt und offiziell.

„Nun gut. Früher wußten wir eben vieles nicht. Heute

gibt es neue Bücher, kritische Historiker. Heute wissen wir mehr. Wir wissen zum Beispiel auch, daß es doch nicht nur den Terror der Weißgardisten, also der Zarenanhänger, während des Bürgerkriegs gab. Wir wissen, daß es auch ,roten Terror' gab!"

Zu mehr Zugeständnissen ist sie nicht bereit, aber das ist für eine Frau in ihrer Position doch eine ganze Menge. Sie kämpft mit dem Problem, das heute viele Menschen in Rußland haben. Daß Lenins Nachfolger Stalin unmenschlichen Terror ausgeübt hat, ist bekannt. Zu der Person Stalins gingen viele schon zu Zeiten des Chrustschowschen Tauwetters in den fünfziger Jahren auf Distanz. Mit der einen Ausnahme, wenn es um den „Großen Vaterländischen Krieg" geht, den Überfall der Wehrmacht auf Rußland. Stalin wird immer noch von vielen mit dem großen Sieg über den Faschismus identifiziert. Doch die kritische Sicht der Dinge ist inzwischen auch bei der Person Lenins angekommen. Er war lange durch die Argumentation „geschützt", daß alles Übel von Lenins Umgebung und vor allem von Lenins Nachfolgern verursacht worden sei. Er selbst und seine Vorstellung vom Kommunismus galten lange als unantastbar. Viele tun sich heute schwer, sich nun auch kritisch mit dem früher staatlich verordneten Halbgott auseinanderzusetzen.

Wenn es außer dem Leninmausoleum auf dem Roten Platz in Moskau einen Ort gibt, an dem der Leninkult bis weit ins Absurde getrieben wurde, dann ist es Uljanowsk. Das gewaltige „Leninmemorial" wurde Anfang der siebziger Jahre gebaut und eröffnet. Es war die „Zeit der Stagnation", wie die Breshnew-Ära schon unter Gorbatschow genannt wurde. Die Zeit der besonders bombastischen Bauten. Es war die Zeit des Kalten Krieges und des Wettrüstens, als der Sowjetstaat alle Ressourcen in Rüstung und Raumfahrt steckte. Und in die imperiale Heldenverehrung. Wie in Uljanowsk. Auf dem zentralen Hügel der Stadt wurde ein quadratischer Bau aus hellem Granit errichtet. Jede Seite des Areals ist 100 Meter lang. Den Eingang ziert ein gewaltiger, finsterer Leninkopf. Innen herrscht ebenfalls eine etwas bedrückende, museale Atmosphäre. Im Zentrum einer großen Halle steht ein Pult, an dem mit rotem Licht und allerlei Effekten die Entstehung der Sowjetunion demonstriert wird. Fast wie in der Geisterbahn. Und überall Leninstatuen. Lenin stehend, Lenin sitzend, Lenin als Zeichnung, Lenin als Gemälde oder als Mosaik. Eine dreidimensionale Nachbildung der Häuser an jener Straße von Uljanowsk, in der die Leninfamilie gewohnt hat. Sie gleicht einer überdimensionalen Puppenstube.

Das Museumsgebäude aus hellem, fast weißem Granit umschließt ein einfaches Haus, das angeblich noch genauso aussieht wie vor 120 Jahren. In diesem Haus wurde Lenin geboren. Natürlich ist auch dieses Haus zum Museum umgewandelt. Einschließlich des Zimmers, in dem Lenin sehr wahrscheinlich geboren wurde. Aber das immerhin ist nicht ganz klar.

„Denn", sagt die Führerin, „wir nehmen das nur an, weil die Mutter Lenins da ein eigenes Zimmer hatte, und das war vermutlich das Geburtszimmer." Von dem gewaltigen, von einem Park umgebenen Leninmemorial führt eine breite Allee wiederum auf einen riesigen Platz. Dort steht auf hohem Sockel Lenin mit wehendem, bronzenem Mantel. Auf mich macht er allerdings mehr den Eindruck, als ob Graf Dracula persönlich in die Stadt hereinschwebt und dabei in der Luft erstarrt ist. Auf dem zugigen Platz schlendert eine Gruppe Jugendlicher umher. Einige von ihnen haben Schildmützen auf, wie sie auch von Jugendlichen in Europa getragen werden – zur Zeit oft mit dem Schild nach hinten. Ich frage sie, was sie denn von dem ganzen Leninkult hier halten. Sie überraschen mich mit erstaunlich abgewogenen Antworten und einem insgesamt lockeren und entspannten Verhältnis zur Geschichte ihrer Stadt und ihres Landes.

„Warum die ganzen Leninstatuen jetzt abbauen, das
wäre falsch. Das gehört doch auch irgendwie zu unserer
Geschichte. Also soll es bleiben!"

„Aber der Lenin, der vor dem Autowerk steht", wirft ein
anderer dazwischen, „der ist wirklich absolut idiotisch, wie
er so da oben auf seinem Sockel steht und die Hand aus-
streckt. Schwachsinn. Der könnte wirklich verschwinden!"

Insgesamt sind in dieser Gruppe von fünf Jugendlichen
zwei dafür, die Lenins abzubauen, die anderen drei wollen
alle Lenins stehenlassen. Alle fünf sind trotz dieser Mei-
nungsverschiedenheit gute Freunde. Immer wieder auf
meiner Reise habe ich solche Jugendliche getroffen, die fast
genauso in jeder anderen Großstadt Europas anzutreffen
sind. Jedesmal empfand ich dabei ein Gefühl der Erleichte-
rung. Sie sind die Zukunft Rußlands, eines Landes, das mir
in all seiner Fremdheit doch ans Herz gewachsen ist. Daß es
diese Jugendlichen gibt, ist auch ein Hoffnungsschimmer
in all den Schwierigkeiten und Krisen, in denen dieses riesige Land steckt. Diese Jugendlichen signalisieren für mich:
Es ist möglich, so weit sind wir immerhin schon. Ich
wünschte, daß das auch jene Politiker verstehen, die immer
noch mehr oder weniger offen für Distanz zu diesem Land
plädieren. Ich halte das für falsch. Wenn etwas zur Lösung
der Krisen in Rußland beitragen kann, dann ist es eine
möglichst rasche Integration in Europa, eine weitere ge-
genseitige Annäherung. Rußland ist ein schwieriger Partner, aus vielen Gründen. Geographischen, politischen, historischen. Aber welcher Partner in Europa ist schon ein
wirklich einfacher Partner? Wir im Westen, speziell vielleicht meine Generation, die in den 50er Jahren geboren
wurde, wir hatten über Jahrzehnte Gelegenheit, unsere europäischen Nachbarn kennenzulernen und Vorurteile abzubauen, die noch unsere Eltern hatten.

Was mir in Uljanowsk mehr noch als anderswo auffällt:
Die mittlere und vor allem die ältere Generation kann sich

von einem Leninbild nur schwer lösen, das in den Museen bis heute als offizielle Version der alten kommunistischen Partei existiert. So steckt es aber auch in den Köpfen der Menschen. So haben sie es ihr Leben lang, von Kindesbeinen an, gehört. So war es „ihre Orientierung", wie viele sagen, mit denen ich spreche. Das läßt sich nicht einfach umstoßen. Die Menschen brauchen auch dafür Zeit. Hinzu kommt: Jetzt ist die Zeit der Haifische und Profiteure, der umfassenden kommerziellen Orientierung und Korruption, bei der selbstverständlich auch die Staatsorgane von der Miliz, also der Polizei, bis hin zu sogenannten staatlichen Strukturen, also Politiker und Beamte, mitmischen. Viele aus der normalen Bevölkerung müssen zum ersten Mal in ihrem Leben Angst um ihren Arbeitsplatz haben. Die Inflation frißt die Löhne auf, sofern sie überhaupt noch ausgezahlt werden. In so einer Zeit auch noch das letzte Leitbild abzubauen oder gar zu zerstören, ist alles andere als einfach.

Beispielhaft erleben wir das an einem Konflikt ebenfalls in Uljanowsk. In einem der in den sechziger Jahren an den Stadtrand gebauten Betonhochhäuser. Wohnblocks in außerordentlich trister Atmosphäre, wie sie in fast allen Städten Rußlands anzutreffen sind. 16 Familien samt Kindern haben einen Teil eines solchen Wohnblocks besetzt. Er gehört zu einem Werk in der Nähe. Die Familien hatten lange auf diese Wohnungen gewartet, dann entschloß sich das Werk, diese Wohnungen „auswärtigen" russischen Spezialisten zuzuteilen, also Russen aus dem jetzigen Ausland wie Tadshikistan und Kasachstan, früheren Sowjetrepubliken. Das wollten die Familien nicht mehr hinnehmen. Also haben sie die Wohnungen besetzt und im Treppenhaus des Wohnblocks ein eisernes Gitter mit einem Tor installiert, das sie reihum ständig bewachen. Als die Polizei kam, haben sich die Frauen vor die Schweißbrenner der Polizei gelegt, bis die Polizei wieder abzog. Jetzt wird verhandelt.

Doch die Familien werden die Wohnungen um gar keinen Preis wieder aufgeben. In so einer Lage aufgeben? Nur um dem „Kommerz", wie sie sagen, „Tür und Tor zu öffnen"? Mit dem Ergebnis, daß solche Wohnungen auf den freien Markt kommen, sie aber dort für diese Familien nicht mehr bezahlbar sind?

„Nein!" sagen die Frauen zu uns, die die Gittertür bewachen. „Nein, da machen wir nicht mit!"

Die Leute in den Nachbarwohnungen, die dort regulär wohnen, hätten, so sagen sie, ähnlich gehandelt. Auch die, mit denen wir im Hof unten sprechen, während die Kinder um uns herum spielen.

„Die Besetzer verurteilen, nein, das darf man auf gar keinen Fall!" sagt ein Mann, der auf einer Bank sitzt und ein Buch liest. Als wir mit ihm sprechen, ist er sofort von 10 oder 15 Kindern umringt. „Man muß das verstehen, es ist heute schwierig, sich durchzuschlagen!"

Lenins Revolution hat ihre Kinder endgültig entlassen. Nun sitzen viele von ihnen da und haben Angst vor einer unbekannten Zukunft. Vielleicht sind die Hausbesetzer da sogar schon ein Stück weiter. Sie haben den Kampf um ihre Rechte und damit auch um ihre Zukunft aufgenommen. Auch wenn ihnen dabei bange ist.

XI.

Verlassen in der Wolgasteppe

Rückblende: Anfang März 1994.

Graue Schneewolken hängen tief über der flachen Steppe des Wolgagebiets. Eisiger Wind pfeift über die meterhohe Schneefläche und überzieht sie mit einem harten Firnis. Temperatur: Minus 20 Grad. Die Mannschaften der Räumfahrzeuge haben es aufgegeben, die kleineren Straßen hier draußen in der Provinz bei der Stadt Saratow offen zu halten. Aber selbst wenn sie es versucht hätten, es wäre ihnen nicht gelungen. Denn es ist Winter im Herzen Rußlands. Ein Schneesturm fegt über das Land. Wenige hundert Meter vor uns stapfen zwei Männer quer über die Felder und brechen immer wieder fast bis zur Hüfte ein. Ihre Fellmützen haben sie tief ins Gesicht gezogen, um den schneidenden Wind abzuhalten. Unser kleiner russischer Bus hat sich trotz seines Vierradantriebs in einer Schneewehe festgefahren. Als die Männer sich bis zu uns durchgeschlagen haben, frage ich sie, ob sie etwas von den Deutschen wissen, die irgendwo hier in der Gegend in einem Containerdorf eingeschneit sein sollen.

„Ja", antwortet der Ältere von den beiden, „das ist nicht mehr weit von hier. Noch knapp zwei Kilometer und ihr seht die Container auf der rechten Seite da drüben." Er zeigt mit dem Fellhandschuh quer über die Schneefläche. Außer ein paar schiefen Strommasten vermag ich allerdings nichts zu erkennen. Vielleicht da drüben, hinter dem flachen Hügel. Der Mann antwortet auf Deutsch. Die beiden sind auf dem Weg in die Gebietshauptstadt Saratow. Von dort wollen sie die Visaanträge für sich und fünf weitere Familien zur Einreise nach Deutschland an die deutsche Botschaft nach Moskau abschicken. Sie gehören zu den sogenannten Rußlanddeutschen, die vor einem Jahr mit ihren Familien aus Kasachstan hierhergekommen sind. Sie hatten gehofft, hier eine neue Heimat zu finden. Doch diese Hoffnung haben sie inzwischen aufgegeben. Sie wollen nun samt ihren Familien nach Deutschland übersiedeln.

Was hat es mit den „Rußlanddeutschen" für eine Bewandtnis?

Die Anfänge ihrer Geschichte liegen weit zurück. Sie begann unter der Zarin Katharina II., auch „Katharina die Große" genannt. Diese war deutscher Abstammung, hatte einen russischen Zaren geheiratet und schließlich unter einigermaßen merkwürdigen Umständen selbst die Macht übernommen. Am 4. Dezember 1762 erließ sie einen Aufruf, gerichtet besonders an deutsche Bauern, sich im Wolgagebiet anzusiedeln. Sie erhoffte sich dadurch eine effektivere Erschließung des riesigen Gebiets. Einer Region, in die außerdem immer wieder asiatische Steppenvölker einfielen. Da der erste Aufruf fast folgenlos blieb, erließ sie ein halbes Jahr später einen zweiten. Nun hatte sie mehr Erfolg. Rund 8000 deutsche Familien unternahmen die beschwerliche Reise und besiedelten das Land im Gebiet der heutigen Stadt Saratow. Sie verließen ihre Heimat damals aus mehreren Gründen: Furcht vor der Obrigkeit in den deutschen Kleinstaaten, hohe Besteuerung, Unterdrückung der Religionsfreiheit und schließlich wegen des Zwangs zu Fron- und Militärdienst. Von alledem sollten sie laut Erlaß der Zarin Katharina frei sein. Katharina II. genoß zu dieser Zeit in Europa außerdem den – allenfalls teilweise gerechtfertigten – Ruf einer aufgeklärten Regentin. Das zog die Siedler zusätzlich an. Der Schwerpunkt des Siedlungsgebiets lag an der Wolga. Kleinere Gruppen zogen weiter bis nach Sibirien oder an die Schwarzmeerküste. Katharinas Politik hatte Erfolg, weshalb sie auch von Zar Alexander I. im 19. Jahrhundert fortgesetzt wurde. Erst gegen Ende des Jahrhunderts änderte sich das und die Rußlanddeutschen gerieten unter Druck, der sich danach mit dem Ausbruch des Ersten Weltkriegs verschärfte. Und doch waren dies nur Vorboten einer fürchterlichen Zeit, die auf die kommenden Generationen dieser Siedler warteten. Zunächst sah es allerdings nicht danach aus. Denn die bolschewistische Revolution brachte zwar viele Schwierigkeiten, aber immerhin schließlich die Errichtung einer „Autonomen Sozialistischen Sowjetrepublik der Wolgadeutschen", die 1924 eine eigene Verwaltung bekam und Deutsch als Amtssprache einführte. Doch je mehr Stalin seine Herrschaft absicherte, desto mehr gerieten auch sie wieder unter massiven Repressionsdruck. Mit dem Ende der zwanziger Jahre kam es zu den ersten Deportationen nach Nordrußland oder nach Sibirien, da sich eine Reihe von deutschen Siedlern der brutalen Stalinschen Enteignungspolitik widersetzten. Aber noch war der Höhepunkt nicht erreicht. Der begann zwei Monate nach dem Überfall der Wehrmacht auf die Sowjetunion. Über Nacht erließ das Präsidium des Obersten Sowjets, des Stalinschen Scheinparlaments, unter dem Datum des 28. August 1941 ein Dekret. In ihm wurde die deutsche Minderheit als potentielle Kollaborateure mit dem Hitlerfaschismus und der deutschen Wehrmacht bezeichnet. Rund 380 000 Wolgadeutsche wurden innerhalb weniger Tage in Viehwaggons verladen und nach Sibirien oder Zentralasien deportiert. Über 200 000 deutsche Siedler starben im Verlauf des kommenden Winters. Andere fristeten ihr Dasein in Straflagern oder in der sogenannten „Arbeitsarmee", in der sie unter zum Teil unmenschlichen Bedingungen Zwangsarbeit zu verrichten hatten. Auch nach dem Krieg änderte sich an ihrer Lage nicht viel. Trotz einiger Lockerungen wurde das Schicksal der versprengten „Rußlanddeutschen" nach vielen Jahren politischer und vor allem kultureller Diskriminierung erst unter Gorbatschow wirklich diskutiert. Selbst vielen Sowjetbürgern war ihr Schicksal unbekannt. Doch erst mit dem Zusammenbruch der Sowjetunion kam es schließlich zu ersten Neuregelungen und zu der Erklärung des russischen Präsidenten Boris Jelzin, daß an der Wolga wieder eine „autonome deutsche Wolgarepublik" eingerichtet werden sollte. Das lockte viele Rußlanddeutsche zurück an die Wolga. Besonders jene Familien und deren Kinder, die in die zentralasiatischen Republiken wie Tadshikistan verschleppt worden waren, wo inzwischen der Bürgerkrieg zwischen kommunistischer Regierung und der sich demokratisch orientierenden Opposition ausgebrochen war. Die Welle der Islamisierung und das neu erwachende Nationalbewußtsein in diesen Republiken setzten die deutsche Minderheit zusätzlich unter Druck. Also versuchten immer mehr, wenigstens bis an die Wolga zu gelangen. Ermutigt hat sie dazu ein „Protokoll", das Vertreter der russischen und der deutschen Regierung am 10. Juli 1992 in Moskau unterzeichneten. Darin hieß es trügerisch:

„Die Regierung der Russischen Föderation bekräftigt ihre Absicht, stufenweise die Republik der Wolgadeutschen in den traditionellen Siedlungsgebieten ihrer Vorfahren an der Wolga wiederzuerrichten . . ."

Der Regierung in Bonn war es lieber, die Rußlanddeutschen wieder an der Wolga anzusiedeln, statt sie als Aussiedler in Deutschland selbst in Empfang nehmen zu müssen. Vor dem Hintergrund der Attentate und Morde an Ausländern vorwiegend durch desorientierte Jugendliche oder durch Mitglieder der rechtsradikalen Szene in Deutschland zog es die CDU/CSU und FDP-Regierungskoalition vor, die Ausländergesetze zu verschärfen, um auf den zunehmenden „Einwanderungsdruck" zu reagieren. Gesetze allerdings, unter deren Geltungsbereich die Rußlanddeutschen nicht fallen. Auch wenn es so mancher in Deutschland gerne vergißt – diese Menschen haben ein gesetzlich verbrieftes Recht, nach Deutschland einzureisen, sofern sie das wollen. Die mit dieser Materie befaßten deutschen Politiker, allen voran der dafür zuständige Staatssekretär im Bundesinnenministerium, Dr. Horst Waffenschmidt, mochten von vornherein nicht zur Kenntnis nehmen, daß es trotz Jelzins Versprechen auf der russischen Seite erhebliche Vorbehalte gegen die Wiedererrichtung einer „autonomen deutschen Wolgarepublik" gab. Man glaubte offensichtlich, durch entsprechende deutsche Finanzspritzen diese Vorbehalte ausräumen zu können. In meinen Augen ist dieser Versuch mißlungen. Von der Errichtung einer „deutschen Wolgarepublik" redet unter den maßgeblichen Politikern in Rußland niemand mehr ernsthaft. Denn keiner von ihnen möchte sich seinerseits mit den Vorbehalten der russischen Bevölkerung gegen eine solche Republik oder gegen eine Sonderstellung der Deutschen innerhalb Rußlands herumschlagen.

So also war in groben Zügen die Lage, als ich im März 1994 in das von meterhohem Schnee überzogene Wolgagebiet bei Saratow fuhr. Doch nur wenn man den geschichtlichen Hintergrund kennt, versteht man die Menschen und die Probleme, auf die ich dort gemeinsam mit meinem Kamerateam aus dem ARD-Studio Moskau traf.

Ich will es gleich vornweg sagen: Die Verhältnisse, die ich in dem eingeschneiten Containerdorf der Rußlanddeutschen antraf, fand ich empörend. 20 Familien hausten dort auf allerengstem Raum zusammengepfercht. Die Wasserleitungen waren seit Tagen eingefroren. Die Männer hatten das Eis eines in der Nähe vorbeifließenden Baches aufgehackt. Frauen und Kinder holten von dort Wasser und stellten die Eimer in den Containern ab, damit das

Wasser nicht gefror. Immer wieder in den letzten Tagen hatte das Containerdorf stundenweise Stromausfall. Dadurch fielen auch die sowieso schlechten Heizungen aus. Die Kleinkinder mußten in Decken eingewickelt werden, die anderen Familienmitglieder saßen in Mänteln in den Containern. Warum der Strom ausfiel, war nicht herauszubekommen. Die meisten dieser Familien kamen aus Sibirien oder aus Zentralasien. Dorthin waren ihre Eltern und Großeltern bei Ausbruch des Zweiten Weltkriegs verschleppt worden. Sie waren deshalb in die Wolgaregion zurückgekommen, weil sie von der angeblich wieder bevorstehenden Errichtung der „autonomen deutschen Wolgarepublik" gehört hatten. Jetzt erst bemerkten sie, daß daraus nichts wurde. Im Rahmen der Unterstützungsmaßnahmen der deutschen Bundesregierung für die Wiedererrichtung einer „Wolgarepublik" waren aus Deutschland Container geliefert worden, inklusive eines wohlklingenden Namens. Demnach lebten sie jetzt in einem „Übergangswohnheim". Was nach dem Leben in diesem „Übergangswohnheim" kommen sollte, wußten sie nicht. Sie hatten ebenfalls keine Ahnung, wie lange dieser „Übergang" dauern sollte. Rund die Hälfte der Familien wußten nur eines: daß sie schon weit über ein Jahr auf das Einreisevisum nach Deutschland warteten. Beantragt hatten sie es per Post über die deutsche Botschaft in Moskau, doch danach hatten sie nichts mehr gehört. Familie Husch aus Kasachstan zum Beispiel. Ursprünglich wollten sie sogar hierbleiben. Doch jetzt sahen sie keine Perspektive mehr. Denn auch die russische Seite blieb äußerst träge, obwohl man in dem „Protokoll" unterzeichnet hatte, daß man „schrittweise" die „Autonome Wolgarepublik" einrichten wollte. Daran fühlte man sich aber offenbar nicht mehr gebunden. Denn es hätte bedeutet, daß die Familien in den Containern zum Beispiel die Genehmigung bekommen, Häuser zu bauen und Felder zu bearbeiten. Dem war aber nicht so.

Wenn es aber nun doch nicht zur „Wolgarepublik" kam, dann wollten die Familien wenigstens nach Deutschland ausreisen, worauf sie ja nach deutschem Recht einen Anspruch haben. Doch damit saßen sie endgültig in der Falle. Denn die Visaanträge wurden auf der deutschen Seite äußerst schleppend bearbeitet. So schleppend, daß manche dahinter schon wieder ein politisches Interesse vermuteten. Diese Vermutung ist in meinen Augen berechtigt. Denn immer wieder ist von deutschen Politikern zu hören, es sei nicht zumutbar, zu viele Aussiedler auf einmal nach Deutschland einreisen zu lassen. Ist das wirklich nicht zumutbar in einem Land, das zu den reichsten der Welt gehört? Ist das vielleicht doch nur die Angst der Politiker, auch ihrer eigenen Bevölkerung, sprich: ihren Wählern, gelegentlich unpopuläre Maßnahmen zuzumuten, wenn das Gesetz es verlangt? Natürlich erfordert das Mut. Aber der sollte andererseits eine Selbstverständlichkeit in einem Land sein, in dem Gott sei Dank kein Politiker mehr Verfolgung zu befürchten hat, wenn er zu unpopulären Maßnahmen greift, die im übrigen gesetzlich vorgeschrieben sind. Fatal ist, daß die Familien in dem eingeschneiten Containerdorf an der Wolga natürlich keine Lobby, also keine mächtigen Fürsprecher in Deutschland haben. Dort wird sehr viel eher die Botschaft ausgestreut, daß die meisten der Rußlanddeutschen gar nicht nach Deutschland kommen, sondern viel lieber in Rußland bleiben wollten. Doch das ist nicht die Wahrheit. Auch nach von der Bundesregierung in Auftrag gegebenen Studien wollen mindestens die Hälfte der rund zwei Millionen „Rußland- und Sowjetdeutschen" ausreisen. Nach meiner persönlichen Einschätzung sind es sogar noch mehr.

Familie Husch hatte uns in ihren Container zum Essen eingeladen. Sie lebten zu viert auf weniger als 20 Quadratmetern. Unter der Spüle lag ein Sack Kartoffeln, ihr Hauptnahrungsmittel. Zu gekochten Kartoffeln bekamen wir Tee – und viel Herzlichkeit. Das Ehepaar Husch hat zwei Jungs, der eine fünf, der andere acht Jahre alt. Sie saßen mit am Tisch und hörten den Eltern zu, während die uns in gebrochenem und altmodischem Deutsch ihre Geschichte erzählten. Das typische Schicksal der Rußlanddeutschen: Ansiedlung, später Diskriminierung als potentielle „Faschisten" und schließlich Deportation von der Wolga nach Kasachstan. Einige der nahen Anverwandten sind dabei umgekommen. Familie Husch hat es trotz aller Schwierigkeiten geschafft, ihre Deutschkenntnisse notdürftig am Leben zu erhalten, obwohl es sogar einige Jahre lang bei Strafe verboten war, Deutsch zu sprechen. Jetzt aber, wieder zurück an der Wolga, waren sie beinah am Ende ihrer Kräfte und warteten bereits ein Jahr auf das Visum auf Deutschland, das nicht kam.

Damit es kein Mißverständnis gibt: Ich halte nicht viel von Deutschtümelei, ich tue mich mit Begriffen wie „deutsches Vaterland" und „deutsche Nation" einigermaßen schwer. Von dem nicht nur am rechten Rand aufkommenden Nationalismus in Deutschland wie in Rußland halte ich persönlich wenig. Trotzdem kann es nicht sein, daß diese Familien im tiefen russischen Winter in der Wolgasteppe in aus Deutschland herantransportierten Containern sitzen müssen, bloß weil keine der beiden Regierungen das Problem so recht anpacken will. Und genau deshalb filmten wir im März 1994 dort und berichteten anschließend mit einer Reportage in den „ARD Tagesthemen" darüber. Nach der Sendung kam es zu erfreulichen Reaktionen. Zuschauer riefen auch bei uns im ARD-Studio Moskau an und fragten, wie sie helfen könnten. Eine humanitäre Hilfslieferung gelangte anschließend in das Containerdorf. Und die Politiker? – Schweigen. Auf beiden Seiten. Obwohl anzunehmen ist, daß die Sendung wie immer routinemäßig in Bonn registriert wurde. Und zwar sowohl im zuständigen Bundesministerium des Innern wie in der russischen Botschaft.

Die Wolgadeutschen im Containerdorf.

Sie haben sich vermutlich längst gefragt, warum ich diese ganze Geschichte erzähle, obwohl es eigentlich um unsere Schiffsreise quer durch Rußland geht. Das hat einen einfachen Grund. Inzwischen haben wir mit unserem Schiff nämlich im Hafen der Stadt Saratow an der Wolga angelegt. Von Anfang an hatte ich mir vorgenommen, die Rußlanddeutschen in dem Containerdorf wieder zu besuchen. Von Saratow aus ist es jetzt, im August 1994, eine knappe Stunde mit dem Auto hinaus zu ihnen. Mischa und Shenja erwarten uns bereits im Hafen mit unserem VW-Bus, gemeinsam mit einem Kollegen aus dem Saratower Regionalstudio des russischen Fernsehens, den wir schon lange kennen. Während unser Schiff festmacht und Wasser und Lebensmittel an Bord nimmt, fahren wir bereits los, denn die Zeit drängt. Am Abend erwarten die „ARD Tagesthemen" eine neue Reportage. Jetzt, im Sommer, ist diese Gegend sehr viel freundlicher. Wir fahren vorbei an Sonnenblumenfeldern und saftigen grünen Wiesen. Durch den vielen Regen in diesem Sommer sind die Pflanzen gut gewachsen. Es wird keine schlechte Ernte geben. Wieder stoßen wir auf den kleinen Bach, der im Winter zugefroren war. Hier hatten die Familien das Eis aufgehackt und Wasser geholt. Und richtig, da liegt es wieder, „unser" Containerdorf. Der Empfang ist herzlich. Sie erkennen uns wieder.

„Schön, daß ihr wieder nach uns schaut", sagt Frau Salzmann. Eine kleine, runde Frau, um die 60 Jahre alt. Sie hat vier bereits erwachsene Kinder. Familie Salzmann kam vor einem Jahr aus Sibirien hierher ins Wolgagebiet. Ihre Vorfahren hatten hier gelebt, bevor auch sie über Nacht hinter den Ural bis weit nach Sibirien verschleppt wurden.

„Nein, verändert hat sich bei uns nichts, seit ihr im März das letzte Mal hier gewesen seid. Humanitäre Hilfe gab's ein paar Wochen danach aus Deutschland. Lebensmittel und Kleider, darüber haben wir uns sehr gefreut. Aber sonst hat sich nichts verändert!" Frau Salzmann spricht verständliches Deutsch, das sich für mich wie ein von altmodischen Wörtern durchsetzter Dialekt anhört. Das Wort „plaudere" zum Beispiel geht auf „plaudern" zurück, bedeutet aber bei ihnen soviel wie „sprechen" oder „reden". „Nooh, mir kennet Deitsch plaudere!" meint „wir können Deutsch sprechen". Das Wort „Licht" bedeutet nicht nur „Licht", sondern auch zugleich „Strom". Aber insgesamt klappt die Verständigung trotzdem ganz gut. Die Salzmanns sind eine einfache, bäuerliche Familie. Sie gehören zu denen, die eigentlich gern hier bleiben würden. Vor kurzem haben sie trotzdem den Antrag auf ein Einreisevisum nach Deutschland gestellt.

Warten auf die nötigen Papiere zur Ausreise in die Bundesrepublik.

„Wir hätten hier gerne einen kleinen Hof aufgebaut, ein wenig Vieh gekauft und das Feld bearbeitet. Aber die Genehmigung dafür haben wir nicht bekommen. Und mit dem Geld ist's natürlich auch ein Problem. Vielleicht wäre es besser gewesen, wir hätten statt dem Container hier das Geld dafür bekommen. Mit der Genehmigung von der Verwaltung hätten wir dann gleich angefangen zu bauen." Die Familie hat schon viele Schicksalsschläge erlitten, aber das hätten sie auch noch durchgestanden. Jetzt allerdings sitzen auch sie in der Falle. Denn weder die russische noch die deutsche Seite vermochte es, ihnen den nötigen Spielraum zu verschaffen. Felder können die Salzmanns seit Generationen auch unter den widrigsten Umständen bearbeiten. Das haben sie gelernt. Aber sich durch ein abstraktes

159

Gesetzes- und Verwaltungsdickicht durchzuschlagen, das schaffen sie nicht mehr. Schon gar nicht hier draußen, wo es noch nicht einmal ein Telefon gibt. Und wen hätten sie anrufen sollen? Die deutsche Botschaft in Moskau? Selbst wenn ihnen das gelungen wäre, wären sie nicht über die Dame in der Telefonzentrale hinausgekommen. Und Briefe schreiben? An wen? Selbst wenn sie eine Adresse in Deutschland gewußt hätten – sich auf die russische Post zu verlassen ist zwar denkbar, aber die Chancen, daß ein solcher Brief innerhalb eines überschaubaren Zeitraums auch wirklich ankommt, sind nicht allzugroß. Und an welche Postadresse hätte ein Brief an sie zugestellt werden sollen? An „das Containerdorf im Wolgagebiet"? Vielleicht gibt es ja Möglichkeiten. Aber bis jetzt haben die Salzmanns sie noch nicht herausgefunden. Und so geht es allen Familien hier. Sie fühlen sich hilflos und ausgeliefert. Die Familie Husch, die wir auch schon im Winter kennengelernt hatten, hat heute Angst. Der Vater ist mit einem seiner beiden kleinen Söhne ins Krankenhaus nach Saratow gefahren, weil der seit Tagen hohes Fieber hat. Bis jetzt ist er nicht zurück. Die Mutter steht mit dem anderen Sohn im Arm vor dem Container und macht sich Sorgen. Wissen das die zuständigen Politiker? Kümmert sie das? In zwei Monaten beginnt hier wieder der Winter, und nichts hat sich verändert. Obwohl das Bundesinnenministerium in gut formulierten Pressemeldungen immer wieder Erfolge präsentiert. Hier eine Siedlung angefangen, dort eine kleine Bäckerei aufgebaut usw., doch das alles geht am eigentlichen Problem vorbei. Da Bonn auch für mich zu weit weg ist, will ich wenigstens herausbekommen, was die Verantwortlichen hier vor Ort, also in der Gebietshauptstadt Saratow, dazu zu sagen haben. Wir packen unsere Sachen und fahren in die Stadt zurück. Durch Recherchen haben wir immerhin herausgefunden, daß heute in Saratow ein Vertreter des Bonner Auswärtigen Amtes angekommen ist, der mit der örtlichen Verwaltung Verhandlungen über die Eröffnung eines deutschen Generalkonsulats in Saratow führen soll. Vielleicht kann er mir erklären, warum die Bearbeitung der Visaanträge vieler rußlanddeutscher Familien zwei Jahre und länger dauert. Wo der deutsche Diplomat abgestiegen ist, läßt sich leicht herausfinden. Es gibt nur ein einziges, etwas besseres Hotel in Saratow, das dafür in Frage kommt. Ich warte am Eingang des Hotels, denn ich weiß, daß er in 20 Minuten einen Termin mit der russischen Verwaltung hat. Als er herauskommt, habe ich trotzdem Pech. Er lehnt jede Art von Interview ab.

„Um Ihnen etwas sagen zu können, bräuchte ich die Genehmigung des Auswärtigen Amtes in Bonn, aber diese Genehmigung habe ich nicht. Außerdem kann ich Ihnen sowieso nichts sagen, denn ich bin zum ersten Mal hier und kenne die Lebensumstände hier nicht!" Der Mann ist nett und freundlich. Aber wozu ist er eigentlich hergekommen, wenn er sich nicht zuvor gründlich über die Probleme informiert und vielleicht sogar über Lösungsmöglichkeiten nachgedacht hat? Würde er einer dieser Familien dasselbe sagen, wenn sie jetzt mitsamt ihren Kindern vor ihm stünden? Man kann argumentieren, daß der Mann auch nichts dafür kann. Er ist auch nur hierher geschickt worden, um Verhandlungen über Verwaltungsabläufe zur Einrichtung eines deutschen Konsulats zu führen. Aus der Sicht der Betroffenen ist es trotzdem beschämend. Jedenfalls finde ich das.

In Saratow gibt es noch eine Instanz, die sich im Auftrag des deutschen Bundesinnenministeriums um die Rußlanddeutschen zu kümmern hat, der sogenannte „Verein für das Deutschtum im Ausland" (VDA). Der Name des Vereins klingt nicht gerade besonders angenehm. Aber damit will ich mich jetzt nicht aufhalten. Finanziert aus Bundesmitteln, hat er sich jedenfalls auch um die Rußlanddeutschen in Saratow zu kümmern. Wiederum durch ein paar

Recherchen haben wir herausbekommen, daß der geschäftsführende Vertreter dieses Vereins zum Hotel kommen wird, um den deutschen Diplomaten zu empfangen und ihn bei den Verhandlungen mit der zuständigen russischen Verwaltung zu begleiten. Und richtig, auch er kommt zum Hotel. Also frage ich ihn, warum die Menschen dort draußen in dem Containerdorf zu hausen haben. Seine Auskunft ist eindeutig:

„Bonn hat kein Geld, um die Leute aus dem ‚Übergangswohnheim' herauszuholen!"

Frage: „Gäbe es denn andere Möglichkeiten?"

„Ja, die gäbe es. Wir könnten durchaus in kurzer Zeit Fertighäuser hinstellen, wie wir das an anderer Stelle schon gemacht und gezeigt haben."

Frage: „Und warum geschieht das nicht?"

„Bonn hat kein Geld!"

Frage: „Wie ist es denn zu erklären, daß die Familien zum Teil mehrere Jahre auf ein Visum aus Deutschland zu warten haben?"

„Das kann ich nicht sagen, das ist nicht meine Zuständigkeit. Das ist die Zuständigkeit des deutschen Auswärtigen Amtes!"

Doch dessen Vertreter konnte und wollte dazu nichts sagen, siehe oben. Damit schließt sich der Kreis. Wenn es schon mir als Fernsehjournalisten nicht gelingt, vor Ort halbwegs zuverlässige Auskünfte zu bekommen, um wieviel geringer sind dann die Chancen der Familien aus dem Containerdorf. Ich bin kein Politiker, sondern Journalist. Meine Aufgabe ist es, solche Probleme aufzuspüren und darüber zu berichten. Gelegentlich zeitigt das sogar Reaktionen. So auch in diesem Fall. Was für eine Reaktion, und wie kam es dazu? Die „ARD Tagesthemen" hatten die Reportage über die Rußlanddeutschen schon einige Tage vor der eigentlichen Sendung angekündigt. Mit Bildmaterial, das ich zuvor über unsere Satellitenanlage nach Hamburg überspielt hatte. Ich hatte in dem kleinen Vorbericht gesagt, daß ich in Saratow an einer Geschichte recherchiere, die „ich für einen ziemlichen Skandal halte!" Die Ankündigung aktivierte umgehend den Pressesprecher des Bundesinnenministeriums in Bonn, in dessen Zuständigkeit diese Angelegenheit fällt. Der rief umgehend in der Hamburger „Tagesthemen"-Redaktion an und „bat" die zuständige Redakteurin „intensiv" darum, daß doch bei der eigentlichen Sendung des vollständigen Berichts der mit den Rußlanddeutschen befaßte Staatssekretär des Bundesinnenministeriums, Dr. Horst Waffenschmidt, unmittelbar nach dem Beitrag live zu interviewen sei. Man befürchte, daß in meinem Bericht falsche Informationen enthalten seien, die es richtigzustellen gelte. Nun sind die Kolleginnen und Kollegen der „Tagesthemen" äußerst routiniert in solchen Dingen. Wie gesagt, ich halte sie für die augenblicklich beste Nachrichtenredaktion im deutschen Fernsehen. Prinzip: wenig Glamour, viel Information. Deshalb war die Auskunft der Redaktion an den Pressesprecher freundlich, kurz und knapp. Es liege immer noch in der redaktionellen Freiheit der Redaktion, zu entscheiden, wann man welchen Partner zum Interview bitte. Zwischen dem Telefonat mit dem Pressesprecher und der Sendung meiner Reportage lag ein Wochenende. Also viel Zeit zum Überlegen. Ergebnis: Am Morgen des Sendetages ging eine Mitteilung des Bundesinnenministeriums an die Presse. Man habe sich entschlossen, ein Sonderprogramm aufzulegen mit dem Ziel, so rasch wie möglich zusätzliche Wohnungen, 2000 an der Zahl, zu schaffen, um die Menschen aus den „Übergangswohnheimen" herauszuholen, von denen man durchaus wisse, wie problematisch sie seien. Eine erfreuliche Reaktion, wie ich finde. Ulrich Wikkert fragte mich am Abend in einer live-Schaltung aus dem Hafen von Saratow zu den „Tagesthemen", was ich von diesem Vorschlag halte. Ich antwortete:

Unsere am Pier installierte Satellitenanlage wartet auf die Live-Schaltung nach Deutschland.

„Ich halte dies für einen positiven Schritt. Ausreichend ist er aus meiner Sicht, wenn man die Bemühungen auf den Raum um Saratow konzentriert und das möglichst schnell, bevor der Winter anbricht."

Nach der live-Sendung zu den „Tagesthemen" bauen wir unsere Satellitenanlage vom Ufer ab und verladen sie wieder auf das Schiff. Noch in der Nacht brechen wir auf. Eines aber habe ich mir vorgenommen. Ich werde die Rußlanddeutschen in dem Containerdorf spätestens in ein paar Monaten wieder besuchen und darüber berichten, wie es ihnen geht. Auch wenn das einigen deutschen und russischen Politikern nicht angenehm ist. Aber vielleicht gibt es ja dann etwas Positives zu berichten. Vielleicht ist das Containerdorf bis dahin längst aufgelöst und jene Familien, die

nach Deutschland ausreisen wollen, sind im Besitz eines
Visums. Ziemlich sicher haben eine ganze Reihe dieser Familien Illusionen über das Leben in Deutschland. Es wird
schwerer sein als die meisten glauben. Dennoch haben sie
ein Recht darauf, ihre Zukunft selbst zu wählen und ihre
Erfahrungen selbst zu machen. Und vielleicht finden sich ja
dort Menschen, die bereit sind, ihnen zu helfen. Nein, ich
bin sogar ganz sicher. Möglicherweise sind es ja gerade Sie,
die Sie in diesem Augenblick dieses Buch in der Hand halten und dieses Kapitel zu Ende gelesen haben. Wir wär's?
Ihre Stadtverwaltung kann Ihnen gewiß darüber Auskunft
geben, ob es Rußlanddeutsche in Ihrer Umgebung gibt.
Wenn nicht, dann rufen Sie doch einfach in Bonn bei der
Pressestelle des Bundesinnenministeriums an. Die Tele-
fonnummer ist: 0228/6811 (Zentrale). Dort gibt es im
übrigen auch eine Abteilung „Vertriebene, Aussiedler,
Ostdeutsche Kulturarbeit". Lassen Sie sich verbinden,
bleiben Sie zäh. In einer demokratischen Gesellschaft sind
Politiker, Ministerien und Stadtverwaltungen für Sie da
und nicht umgekehrt. Ich drücke Ihnen die Daumen. Und
den Menschen, die Ihre Hilfe brauchen.

XII.

Mutter Heimat

86 Meter ist sie hoch und 14 Tonnen schwer. Von der Wolga aus weithin sichtbar. Ihre Augen sind weit aufgerissen. Der Mund fast wie ein riesiges rundes Loch. Heldenhaft soll sie sein. Und doch ist ihr der Schrecken in die steinerne Miene gemeißelt. Gedämpfte Musik schwebt den Hügel herauf. Eine Endlosschleife vom Tonband. Sie dringt aus einer kreisrund angelegten Ehrenhalle unterhalb der riesigen Statue herauf. Die Halle ist innen mit einem goldglänzenden Fries aus Mosaiksteinen verziert. Darunter sind auf schwarzen Marmorplatten endlose Kolonnen von russischen Namen eingemeißelt. Namen von Gefallenen. In der Ehrenhalle lastet trotz der Musik ein Gefühl der Stille – wie in einem Grab. In der Mitte ragt eine Hand aus dem marmornen Boden. Sie hält eine steinerne Fackel. Aus ihr züngelt eine „ewige Flamme" heraus. Über der Ehrenhalle thront die gewaltige Statue der MUTTER HEIMAT, auf dem Mamajew-Kugan-Hügel der Stadt Wolgograd, dem früheren Stalingrad. Eine Stadt, über die viel geschrieben wurde. Vor allem im Zusammenhang der Schlacht um Stalingrad, die Ende Januar 1943 die entscheidende Wende an der „Ostfront" eingeleitet und den Untergang der 6. Armee unter General Paulus bedeutet hatte. Hier also starben unsere Väter und Großväter. Hier gingen über eine Million Russen elend zu Grunde. Wozu? Welcher Wahnsinn hat unsere Väter hierher getrieben? Das zu

Wolgograd: „Mutter Heimat".

verstehen ist mir bis heute nicht gelungen. Auch nicht in Wolgograd.

Es hat auch in Deutschland viele Versuche gegeben, die „Katastrophe von Stalingrad" wenigstens literarisch zu bewältigen. Vom sozialistisch-realistisch angelegten Roman Theodor Pliviers bis hin zu avantgardistischeren Versuchen wie dem des deutschen Schriftstellers und Filmemachers Alexander Kluge. Mindestens ebenso viele Filmregisseure und Drehbuchautoren haben sich an diesem Stoff versucht. Es sind, wie ich glaube, vergebliche Versuche. Wenn auch, wenigstens teilweise, gute Filme, Romane oder gute sogenannte „Montageliteratur". Mich selbst berühren jene Zeugnisse immer noch am tiefsten, die von den Betroffenen selbst stammen. Etwa jene „Frontbriefe" deutscher Soldaten, wenn sie in stiller Betroffenheit nach Hause schreiben. Wenn sie schreiben, was sie tun werden, wenn „dieser Krieg" vorbei ist. Oder wenn sie nach dem Befinden ihrer Familien fragen. Nach ihren Kindern. Und doch, trotz aller Erklärungsversuche der Historiker, trotz aller Hervorbringungen der Regisseure, Schriftsteller und bildenden Künstler bleibe ich um so verständnisloser zurück. Welcher Wahnsinn also hat unsere Väter über die endlosen Steppen an diesen Ort, nach Stalingrad an der Wolga getrieben, um dort sich selbst und rund eine Million Russen zu vernichten? Wie muß man sich die Zahl „eine Million Tote" vorstellen? Kann man das überhaupt?

Eigentlich habe ich Ferien von unserer Reise genommen. Für Wolgograd hatten wir von vornherein keine Sendungen und keine Reportagen eingeplant. Schon gar nichts, was mit der Vergangenheit dieser Stadt in der Zeit des Zweiten Weltkriegs zu tun hat. Diese Stadt schien mir zu sehr zugedeckt von all dem, was über sie gedacht, gesagt und geschrieben wurde. Besonders in Deutschland bei dem regelrechten „Stalingradboom" im Januar und Februar 1993 aus Anlaß des 50. Jahrestags der „Schlacht um Stalingrad". Jede bessere Zeitung und jede Fernsehanstalt, die öffentlich-rechtlichen wie die privaten, stellten ihr Programm darauf ab. Ich bin inzwischen bei solchen „Gedenkereignissen" skeptisch. Besonders wenn sie mit Krieg zu tun haben. Solche geballten Ladungen von Kriegsfilmen, mit und ohne dokumentarischem Material, gewöhnen vielleicht doch mehr an den Umgang mit Krieg, als daß sie sein wirkliches Ausmaß darstellen. Als daß sie tatsächlich in der Lage sind zu zeigen, wie dreckig, entsetzlich und mörderisch Krieg wirklich war und ist. Auch und erst recht der hier in und um Stalingrad.

Ich habe als Fernsehreporter eine Reihe von Kriegen miterlebt. Das gehört zum Entsetzlichsten in meinem Leben. Egal wo es stattfand. Als sogenannter Tankerkrieg im Persischen Golf bei der Auseinandersetzung zwischen Iran und Irak. Oder in den Wüstengebirgen zwischen den beiden nordafrikanischen Ländern Libyen und Tschad. Es ging dort um Öl und andere Bodenschätze. Oder als Guerillakrieg in Angola oder im Busch von Mosambik. Oder die Schlacht um Suchumi an der traumhaft schönen Küste des Schwarzen Meeres, als abchasische Truppen die Stadt von georgischen Truppen „säuberten". Es war jedesmal fürchterlich. Und es war jedesmal fürchterlicher, als ich es zu berichten verstand. Ich bin skeptisch geworden. Was können wir aus Suchumi, aus Sarajewo, aus Ruanda oder aus irgendeinem anderen Krisen- und Kriegsgebiet überhaupt noch in unseren Nachrichtenbeiträgen vermitteln? Ist das nicht doch nur noch der heißlaufende internationale Nachrichtenapparat, der unsere Zuschauer mehr belämmert als informiert? Der weder den Schrecken, noch eine echte Information nahebringen kann?! Nein, der einzige Film, den ich kenne und der diesem Schrecken entspricht, den ich, wenn auch nur als Reporter, selbst empfunden habe, der einzige Film ist jener alte und in jeder Hinsicht altmodische Schwarzweiß-Streifen „Die Brücke" von

Bernhard Wicki. Nun weiß ich natürlich: Schweigen über all diese Kriege ist erst recht falsch. In Deutschland wurde viel zu viel und viel zu lange über all das geschwiegen. Ganz besonders über den Faschismus und über den Zweiten Weltkrieg, wie er wirklich war. Und über Stalingrad. Besonders in jenen Elternhäusern, in denen die Väter beteiligt gewesen waren. Und das waren fast alle auf die eine oder die andere Weise. In den Schulen, jedenfalls in meiner, blieb all das merkwürdig blaß. Erst ausgangs der sechziger Jahre änderte sich das auf Druck der politisierten Studenten- und Schülerbewegung. Jedenfalls ein bißchen. Inzwischen, so ist jedenfalls mein Gefühl, droht all das unter anderem bei solchen „Gedächtnis- und Gedenkterminen" wieder zugedeckt zu werden durch einen regelrechten Angriff der Medien. Dazu gehört auch das Medium, bei dem ich nach wie vor leidenschaftlich gerne arbeite. Aber ich bin skeptisch geworden.

Ferien wollte ich nehmen von unserer Reise bei Wolgograd. Das „Ferien nehmen" ist mir nicht gelungen. Wir steigen an einer Schleuse oberhalb von Wolgograd vom Schiff und fahren mit zwei Taxis in die Stadt. Das Schiff wird durch die Verzögerungen beim langsamen Durchfahren der Schleusen für die gleiche Entfernung zwei bis drei Stunden brauchen. Das ist meine kleine Ferienzeit. Oder hätte es werden sollen. Doch dann zieht mich das Kriegerdenkmal auf dem Hügel und die Stadt Wolgograd doch in den Bann. Wir kommen bei der Fahrt durch die Stadt vorbei an dem in der ehemaligen Sowjetunion berühmten Traktorenwerk. Es ist immer noch nach dem gefürchteten Chef der politischen Polizei, nach Felix Dshershinsky benannt. Ein skrupelloser und brutaler Funktionär, der viele Liquidierungen auf seinem Gewissen hat. Von der Partei wurde er stolz der „eiserne Ritter der Revolution" genannt. Gebaut wurde die nach ihm benannte Traktorenfabrik in den dreißiger Jahren. Sie war zu jener Zeit die

171

Gardesoldat in der Ehrenhalle.

Brautpaar in der Ehrenhalle.

„Für die Heimat! Für Stalin!" Aufgang zum Ehrenmal.

größte Traktorenfabrik in Rußland überhaupt. Bei Kriegsbeginn wurde sie in eine Panzerfabrik umgewandelt und baute und reparierte Panzer auch noch zu der Zeit, als sie unter schwerem Beschuß durch die Artillerie der Wehrmacht lag. Und als viele tausend Tonnen deutsche Fliegerbomben auf die Stadt abgeworfen wurden. Das brachte unzählige Tote auf der russischen Seite, aber nicht den entscheidenden Erfolg. Die Schlacht selbst läßt sich in vier Phasen einteilen. Die erste reicht in etwa von Mitte Juli bis Mitte November 1942. Die Wehrmacht „stieß" auf Stalingrad vor, wurde aber dann in heftige Straßen- und Häuserkämpfe verwickelt. In der zweiten Novemberhälfte wurden die deutschen Streitkräfte durch eine Zangenbewegung der Roten Armee zerteilt. Der Entsatzversuch der Wehrmacht von außen scheiterte im Dezember, und die eingekesselte 6. Armee wurde schließlich in der letzten Phase der Schlacht vom Januar bis zum 2. Februar 1943 geschlagen und weitgehend aufgerieben.

Als unser klappriges Taxi oben auf dem Hügel über der Stadt ankommt, sind schon mehrere Brautpaare auf dem Parkplatz vorgefahren. Auch hier gibt es, wie überall in Rußland, die Tradition, nach der Trauung auf dem Bürgermeisteramt zum nächstgelegenen Kriegerdenkmal zu gehen, um dort einen Blumenstrauß niederzulegen. Dann werden die entsprechenden Hochzeitsfotos geknipst und die ganze Gesellschaft leert einige Flaschen „Sowjetskoje Schampanskoje" und Wodka, bevor es zur eigentlichen Hochzeitsfeier in irgendein Restaurant geht. Die gesamte Anlage des Kriegerdenkmals ist beeindruckend, aber auch ihr Pathos sehr bedrückend. Allein schon das Fundament der gewaltigen, 15 Tonnen schweren Statue auf dem Hügel ist respekteinflößend. Auf dem Grasland unterhalb des Fundaments sind schwarze Marmorplatten eingelassen mit den Namen einzelner Soldaten und Offiziere, die sich in der Schlacht auf russischer Seite besonders hervorgetan

Die Geste des Schweißabwischens.

haben. „Mutter Heimat" hält ein gewaltiges, 12 Meter hohes Schwert in der nach oben gereckten Hand. Mit der anderen Hand winkt sie ihre russischen Söhne zur Verteidigung der Heimat herbei. Auf dem Hügel sind, wie man uns
sagt, unter der dünnen Grasnarbe immer noch Patronen
und Granathülsen zu finden, der Müll des Krieges. Jahre-
lang soll auf diesem strategisch wichtigen und deshalb
schwer umkämpften Hügel nach dem Ende der Schlacht
nichts mehr gewachsen sein. Von „Mutter Heimat" führen
Wege hinab, die alle in eine breitangelegte Plattform aus
grauen Granitsteinen münden, welche den Zugang zu der
in der Erde eingelassenen Ehrenhalle eröffnet. Unten in der
Halle stehen rechts und links der steinernen Fackel zwei
Gardesoldaten, die jede Stunde abgelöst werden. Als ich die
Halle betrete, geht der Gardeoffizier zu einem der bewe-
gungslos dastehenden Soldaten, nimmt ihm die Mütze ab
und tupft ihm mit einem blütenweißen Taschentuch über

175

die Stirn. Es ist eine pathetische Geste, wie ihm da der Offizier über die Stirn streicht und ihm vorsichtig die Uniformmütze wieder aufsetzt. Als er nach 15 Minuten wiederkommt und die Geste wiederholt, stehe ich zufällig mit der Kamera daneben. Es gelingt mir, die Geste zu fotografieren. Am Ende doch eine Inszenierung fürs Publikum? Ich weiß es nicht. Berührt hat die Geste mich dennoch. Selbst wenn es eine Inszenierung gewesen sein sollte.

„Ein stählerner Wind schlug ihnen ins Gesicht, aber trotzdem gingen sie nach vorne.

Und wieder umhüllte den Feind jenes tiefe Gefühl der Angst.

Waren dies wirklich Menschen, die da zum Angriff übergingen. Waren sie wirklich sterblich!?"

Diese einigermaßen pathetischen Zeilen stehen in großen Lettern eingemeißelt in eine hohe graue Granitwand, die einen rechteckig angelegten See begrenzt. Vor dieser Wand sind zugleich steinerne Bänke und eine stufenartige Tribüne für Gedenkfeierlichkeiten vorhanden. Geht man die Flucht der Stufen weiter in Richtung Wolga hinunter, kommt man an einem aus einem großen Stein herausgearbeiteten, mächtigen Rotarmisten vorbei. Sein Oberkörper ist bis zur Hälfte entblößt. In der einen Hand hält er eine Handgranate, in der anderen eine Maschinenpistole. Seine Miene ist eisern und wild entschlossen, der Blick starr nach vorn gerichtet. Wieder fällt mir auf, daß die offizielle Kunst des Sowjetpatriotismus mit den gleichen ästhetischen Formen und Formeln arbeitete, wie der deutsche und der italienische Faschismus. Die gleichen Heldentypen, die gleichen Mienen und, in vielen Publikationen und auf vielen Gemälden, der gleiche blonde Typ Mann und Frau (mit Kind), den der Faschismus als arisch und rassisch „rein" benutzt hat. Ich weiß, daß beim Lesen dieser Sätze viele meiner russischen (und deutschen) Freunde und Bekannten mit dem Kopf schütteln werden. Ich bin mir darüber

176

im klaren, daß dies ein sensibles Thema ist. Ich bleibe trotzdem dabei. Abgesehen davon, daß es eine ganze Reihe von kunsthistorischen Untersuchungen gibt, die diese These bestätigen. Das mindert im übrigen auch nicht das Bewußtsein, daß der Krieg von Deutschland ausging und nicht umgekehrt. Trotzdem will ich noch etwas hinzufügen. Auch die stärker werdenden russischen Nationalisten, egal ob von der altkommunistischen oder der rechtsnationalen bis rechtsradikalen Szene, benutzen in letzter Zeit verstärkt die gleichen Bilder und Typen wie der sogenannte Sowjetpatriotismus und früher der deutsche Faschismus. Für bedenklich halte ich das bei allen. Auch bei den deutschen Alt- und Neonazis. Diese Ideologie und diese Ästhetik darf in meinen Augen nirgendwo wieder eine Chance bekommen. Nicht in Deutschland und nicht in Rußland.

Am Fuß des Hügels angelangt, besteigen wir den Bus, der die Leninstraße entlang fährt. Bis zu einem Museum, dem sogenannten Panorama. In der Kuppel des Museums befindet sich ein gewaltiges, dreidimensional gearbeitetes Schlachtengemälde, das zum Besucher hin in eine Art Relief übergeht, wie auf einer großen Theaterbühne, angelegt als Rundhorizont. Es zeichnet den Verlauf eines der letzten Tage der Schlacht Ende Januar 1943 nach. Ein Jahr lang haben Künstler aus der „Militärakademie für Kriegsmalerei" daran gearbeitet. Das Ergebnis ist bedrückend. Es sind viele russische Besuchergruppen an diesem Samstag im Museum. Das Bewußtsein von diesem Krieg scheint mir hier insgesamt wacher als in Deutschland. Sicher auch, weil Parteipropagandisten die Erinnerung an den „Großen Vaterländischen Krieg" als Bindemittel zwischen der Partei und den „Massen" benutzt haben. Ein anderer Grund ist gewiß die unglaubliche Zahl an Opfern, die dieser Krieg gefordert hat. In der damaligen Sowjetunion nach heutigen Schätzungen weit über 20 Millionen. Das hat sich tief ins

Bewußtsein der Bevölkerung eingegraben. Fast jede Familie wurde davon getroffen.

Vor dem Museum am Wolgaufer steht noch das Gebäude jener zerschossenen Mühle, die eines der Zentren der Kämpfe in der Stadt war. Auf einzelnen Stockwerken kämpften deutsche und sowjetische Soldaten monatelang gegeneinander.

Wolgograd – Ferien von unserer Reise zu nehmen ist mir nicht gelungen, denke ich, als wir unser Schiff wieder besteigen, das bereits seit einer Stunde im Hafen festgemacht hat. Was um Himmels willen hat unsere Väter bis hierher getrieben, um schließlich hier oder bald danach in der Gefangenschaft zu sterben? Ich habe auch in Wolgograd die Antwort darauf nicht gefunden. Hier am allerwenigsten.

XIII.

Sotschi – Ende einer Sommerreise

Ein paar Kilometer unterhalb von Wolgograd liegt, hinter einer Sandinsel versteckt, die Einfahrt zum Wolga-Don-Kanal. Ein sehenswertes Bauwerk mit insgesamt 15 Schleusen, das noch unter Stalin fertiggestellt und 1952 eröffnet wurde. Stalin war bekanntlich ein höchst schwieriger und ebenso eitler Mann. Er ließ neben dem Eingang zum Kanal eine gewaltige Stalinstatue aufstellen, obwohl der Kanal eigentlich Leninkanal hieß. Erst später wurde die Stalinstatue durch einen riesigen, sieben Meter hohen Lenin ersetzt, der heute immer noch neben der Einfahrt in den Kanal thront, die sich schon allein dadurch nicht übersehen läßt. Hinter der ersten Flußbiegung spannt sich ein Triumphbogen aus hellem Granit über den Kanal. Der Stil ist der typische, imperiale Stalinkitsch. „Zum Ruhme des Volkes der Sowjetunion und seinem Aufbau des Kommunismus" steht in goldenen Lettern im Zenit des Triumphbogens, der zudem mit allen Insignien des kommunistischen Staates geschmückt ist. Mit Hammer und Sichel, und mit rostigen Parteifahnen aus schwarzem Metall. An den Längsseiten der Schleusenkammern stehen, mit schweren und tief hängenden Ketten untereinander verbunden, schwarze Pfosten aus Stahl, versehen mit dem goldenen Sowjetstern. Traubenartig sind mehrere Laternen an jedem Pfosten angebracht. Jetzt, in der milden Abendsonne, macht all das einen etwas finsteren und dumpf-feierlichen Eindruck. Der Kanal, der die Wolga mit dem Don verbindet, geht im übrigen auf einen alten Plan von Peter dem Großen zurück, jenes russischen Zaren, der Sankt Petersburg gründete und versuchte, das russische Reich dichter an Europa anzuschließen. Als der Wolga-Don-Kanal ein Jahr vor dem Tod des Diktators Stalin fertiggestellt wurde, war er der letzte in einem System von Kanälen und Wasserstraßen, der noch fehlte, um Wolgograd schließlich mit fünf Meeren zu verbinden: mit dem Weißen Meer, von dem wir herkommen, dem Asowschen Meer und dadurch auch mit dem Schwarzen Meer, dem Kaspischen Meer und mit der Baltischen See. Von all diesen Meeren aus läßt sich dadurch das Herz Rußlands mit dem Schiff bereisen.

Entlang des Wolga-Don-Kanals stehen ein ganze Reihe von Denkmälern, die an verschiedene kriegerische Ereignisse aus den beiden Weltkriegen erinnern, aber auch an den Bürgerkrieg nach Beginn des bolschewistischen Staatstreichs im Oktober 1917. Und an verschiedene Aufstände gegen den Zaren, die es hier besonders häufig gab, denn wir reisen durch ein traditionell unruhiges Gebiet, durch Kosakenland. Einer ihrer Führer ist unter dem Namen Stepan „Stenka" Rasin in die Geschichte eingegangen. In den späten sechziger Jahren des 17. Jahrhunderts führte er einen Aufstand gegen den Zaren, aber vor allem gegen die Adligen, die Bojaren und kleineren Grundherren. Mordend und brandschatzend zog er mit seiner abenteuerlichen Kosaken- und Bauernarmee am Don entlang und schließlich die Wolga hinauf. Er eroberte Saratow, belagerte sogar Simbirsk, das heutige Uljanowsk, bis er schließlich von der zaristischen Armee gefangen und später hingerichtet wurde. „Stenka" Rasin ist in die kommunistische Geschichtsschreibung als eine jener heldenhaften Personen eingegangen, die Aufstände gegen die Knechtschaft des zaristischen Regimes anführten. Jene Rolle, die

Einfahrt in den Wolga-Don-Kanal.

aus dieser Sicht später vom „revolutionären Proletariat" vollendet wurde. Daß es sich dabei bei Rasin und seinem Haufen eher um eine anarchistische, von großer Wildheit und Grausamkeit angetriebene „Bewegung" handelte, trat angesichts der „progressiven Rolle" solcher Aufstände in den Hintergrund.

Wir sind längst im milden Klima Südrußlands angelangt. Die Vegetation hat sich noch einmal verändert. Dicht und grün ist sie geworden im Gegensatz zu den weiten und trockenen Steppengebieten der unteren Wolga. Uns drängt inzwischen die Zeit. Knapp fünf Wochen sind wir nun unterwegs. Herausgestellt hat sich endgültig, daß wir mit unserem Schiff nicht von der Donmündung aus ins Asowsche und schließlich ins Schwarze Meer einfahren dürfen. „Der Leningrader" gilt als Flußschiff und bekommt keine Genehmigung, den Don zu verlassen, um ins Asowsche Meer hinauszufahren. Also haben wir unsere Pläne geändert. Wir werden in der Gebietshauptstadt dieser Region, in Rostow am Don, festmachen und von dort aus mit dem Flugzeug hinüber nach Sotschi an die Küste des Schwarzen Meers fliegen. Das löst zugleich auch unser Zeitproblem. Denn die Reise muß nach 5 Wochen zu Ende sein. So war es von Anfang an festgelegt. Länger läßt sich die Reiseserie nicht im Fernsehprogramm halten. Es war sowieso schon ein ungewöhnliches Experiment, die Berichterstattung über eine solche Reise fünf Wochen lang in ein Nachrichtenmagazin aufzunehmen. Doch zu meiner und zur Überraschung der „Tagesthemen"-Redaktion in Hamburg wuchs das Zuschauerinteresse im Verlauf der Reise immer mehr an. Das Experiment hat sich also gelohnt. Für Außenstehende ist das vermutlich schwer einzuschätzen. Aber inzwischen ist im Fernsehen der Kampf um Einschaltquoten heftig entbrannt. Hätte sich die Reise nach ein oder zwei Wochen als „Flop" erwiesen, wäre es schwierig geworden, das Experiment durchzuhalten. Erfreulicherweise gilt innerhalb der ARD die Einschaltquote nicht als das einzig entscheidende Programmkriterium, wie bei den Privatsendern. Trotzdem ist es natürlich immer besser, wenn die Reaktion der Zuschauer einem solchen Experiment recht gibt als umgekehrt.

Rostow am Don ist eine südliche Stadt. Grünanlagen und viele schöne, alte Gebäude samt einer prächtigen, gerade wieder restaurierten Kathedrale. Die sowjetische Stadtplanung und Stadtarchitektur hat es nicht geschafft, Rostow in eine jener trostlosen Megastädte umzuwandeln, von denen es in Rußland so viele gibt und die fast alle gleich aussehen. Ganz besonders die gewaltigen Industriezentren östlich des Urals. Wir halten uns im Hafen von Rostow nicht lange auf, sondern lassen dort unser Schiff zurück und fahren gleich nach der Ankunft hinaus zum Flughafen, wo uns ein russischer Kollege bereits die Tickets für den einstündigen Flug nach Sotschi besorgt hat. Denn es ist nicht gerade einfach in Rußland und funktioniert selten, wenn man ein Ticket besonders dringend, also sofort braucht. Natürlich gibt es immer ein paar Tricks, wenn man weiß, wen in der örtlichen Bürokratie man am besten anruft, um doch noch eines zu bekommen. Ohne dieses Wissen, das man sich nur vor Ort erwerben kann, ist man meistens verloren. Andererseits – wenn einer genau weiß, wer wo welchen Einfluß hat und dem unter Umständen durch „begleitende Maßnahmen" von Wodka bis Valuta noch ein wenig nachhilft, dann gibt es fast nichts, das in Rußland nicht doch zu erreichen ist. Daß in Rußland „nichts funktioniert", wie viele Neulinge sagen, stimmt nicht wirklich. Das meiste funktioniert einfach nur anders. Das zu lernen dauert allerdings eine ganze Weile und ist für ungeduldige Menschen eine schwierige Sache. Wir aber bekommen unsere Tickets anstandslos, denn Sascha, unser örtlicher Freund und Helfer, kennt Rostow samt Flughafenbürokratie in- und auswendig. Das muß er auch, denn er ist selbst Journalist und wäre ohne solches Wissen verloren. Sascha hat noch vor dem Abflug außerdem mit einer örtlichen Kollegin in Sotschi am Schwarzen Meer telefoniert, die dort wiederum ihrerseits alle Schliche kennt. Tamara hat dort bereits jetzt alles für uns vororganisiert – inklusive eines Hubschraubers. Den brauchen wir nämlich, um von Sotschi aus hoch ins schwer zugängliche Kaukasusgebirge zu fliegen. Dort haben wir Dreharbeiten geplant.

Sotschi ist eine Stadt, die genausogut irgendwo an der französischen Mittelmeerküste liegen könnte. Eine südliche Stadt mit außerordentlich mildem Klima. Sie erstreckt sich fast 30 Kilometer an der Küste des Schwarzen Meeres entlang, mit vielen Parks, mit Palmen und Orangenhainen. Zum berühmtesten Kur- und Badeort Rußlands, wenn man von der heute ja ukrainischen Krim absieht, wurde Sotschi erst in den dreißiger Jahren unter Stalin ausgebaut. Trotzdem hat die Stadt eine lange Geschichte. Archäologische Funde belegen, daß hier schon Kaufleute der alten Griechen und Römer Handel trieben. Sie kamen aus dem Mittelmeer über den Bosporus ins Schwarze Meer. Ab dem 8. Jahrhundert wurden hier die ersten größeren christlichen Kirchen gebaut. Im Mittelalter machten genuesische Kaufleute aus der Gegend ein wichtiges Handelszentrum und nicht zuletzt einen bekannten Sklavenmarkt, der nur noch von dem im benachbarten Abchasien, ebenfalls an der Schwarzmeerküste, übertroffen wurde. Rußland vermochte es erst in den sechziger Jahren des letzten Jahrhunderts, dieses Gebiet endgültig ins zaristische Reich einzugliedern. Es war trotz aller Idylle eine schwierige Region – auch unter militärischen Gesichtspunkten. Die aufsässigen Stämme zogen sich immer wieder in das schwer zugängliche Kaukasusgebirge zurück und waren deshalb militärisch kaum in den Griff zu bekommen. Jetzt, nach dem Zusammenbruch der Sowjetunion, setzt sich im übrigen auch hier

die alte Geschichte wieder durch – an der Südgrenze Rußlands ist eines der neuen Krisengebiete entstanden –, so wie
es immer war, auch unter den Zaren. Doch davon gleich
mehr.

Als wir auf dem Flughafen von Sotschi landen, wartet
dort schon Tamara auf uns. Eine hübsche russische Kollegin, deren Vorfahren sich vor vielen Jahren, aus Griechenland kommend, an der russischen Schwarzmeerküste nie-
dergelassen haben. Tamara spricht sogar noch ein wenig
Griechisch. Das wurde in der Familie von Generation zu
Generation weitergegeben. Vor zwei Jahren war sie zum
ersten Mal in der Heimat ihrer Vorfahren und schwärmt
nun von Griechenland. Am liebsten würde sie dort leben.
Aber da beginnen dann auch schon die Probleme. Als Rus-
sin ein Dauervisum für Griechenland zu bekommen, ist
keine leichte Sache. Und wovon dort leben? So blieb sie, bis
jetzt jedenfalls, in Sotschi und arbeitet dort als lokale
Korrespondentin für das russische Fernsehen. Eine char-
mante junge Frau, die sich auf die neue Zeit umzustellen
versucht. Dem Aussehen nach ist ihr das längst gelungen.
Sie empfängt uns in einem knappen, kanariengelben Kleid.
Ihre dunklen Haare sind modern und kurz geschnitten. Sie
ist selbstbewußt und charmant. Sie begrüßt uns als auslän-
dische Kollegen und macht gleich noch ein kleines Interview mit mir. Ich erzähle ein wenig von der faszinierenden
Reise bis hierher. Wir sind durch viele Gegenden Rußlands
gefahren, die sie selbst nur vom Hörensagen kennt. Als ich
vom russischen Norden schwärme, greift sie aber dann
doch korrigierend ein. Hier im Süden Rußlands sei es doch
schöner als anderswo. Ich mache ihr gerne das Zugeständ-
nis. Vielleicht ist das Faszinierendste an Rußland aber in
Wirklichkeit gerade seine Vielfalt vom kühlen und im
Winter eisigen Norden bis hin zu den warmen Küsten am
Schwarzen Meer. Eine Vielfalt, die den meisten Menschen
außerhalb Rußlands immer noch nicht recht ins Bewußt-

sein gedrungen ist. Was allerdings auch kein allzugroßes Wunder ist, denn so frei und ohne Auflagen zu reisen, wie das jetzt möglich ist, hatte die kommunistische „Sicherheitsbürokratie" über viele Jahrzehnte verhindert. So läßt sich Rußland erst jetzt mit all seiner Schönheit, aber auch mit all seinen Problemen, so richtig erschließen. Beides, Schönheit wie Probleme, hat allerdings eine atemberaubende Dimension.

Unser Hubschrauber, den Tamara „organisiert" hat, fliegt dicht über den Baumwipfeln hoch in das Kaukasusgebirge, hoch nach „Krasnaja Poljana", einer kleinen Stadt in den Bergen. Dort, wo Stalin eine Datscha besaß, in die er sich zurückzog, wenn er sich zur Erholung am Schwarzen Meer aufhielt. Der Mann hatte panische Angst vor einem Attentat. Mitte der dreißiger Jahre hatte er so gut wie alle seine Rivalen in der Kommunistischen Partei oder solche, die er dafür hielt, ausgeschaltet, also entweder umbringen oder in den sibirischen GULAG verschleppen lassen. Es hätte viele Menschen und viele Motive für ein Attentat gegeben. Das wußte er natürlich. Andererseits hatte sich diese Angst bei ihm längst ins Krankhafte erweitert und sein gesamtes Verhalten geprägt. Bis zu seinem Tod veranlaßte er immer wieder blutige Säuberungswellen in der Partei. Wenn eine zu Ende gegangen war, dachte er bereits über die nächste nach. Das sollte so bleiben bis zu seinem Tod. Lediglich unterbrochen vom „Großen Vaterländischen Krieg".

In einer Waldlichtung taucht eine aus Holz gebaute Villa auf, mit spitzem Türmchen, dessen Blechdach in der Sonne blinkt. Sie gehört heute dem Verteidigungsministerium. Ein paar Kilometer entfernt landen wir auf einem Hubschrauberlandeplatz. Noch vor einigen Jahren gab es hier einen regelmäßigen Flugdienst hinunter an die Küste, erzählt Tamara. Doch inzwischen ist das zu teuer geworden. Hier herauf fliegen sie heute nur noch für gut zahlende

Im Hubschrauber über dem Kaukasus.

Stalindatscha.

Bescheidene Verkaufsstände vor der Stalindatscha.

Touristengruppen, für den Bürgermeister und für das Verteidigungsministerium. Jedenfalls sieht es von oben so aus. Am Hubschrauberlandeplatz führt eine Straße vorbei, auf der wir zwei Autos anhalten und uns für ein paar tausend Rubel zur „Stalindatscha" bringen lassen. Am Rande einer kleinen Schlucht schmiegt sie sich an den Berg. Eine Schranke mit einem Postenhäuschen versperrt die Straße kurz vor der Villa. Wir steigen aus. Neben dem Häuschen des Militärpostens haben ein paar Frauen Stände aus Holz aufgebaut und verkaufen Obst, Gemüse, eingelegte Gurken, aber auch köstliche Pilze und Nüsse. Hier oben ist Naturschutzgebiet. Nicht weit von Stalins kleiner Villa liegen Erholungsheime, die noch zu Zeiten der Sowjetunion gebaut wurden. Die Besuche von russischen Touristen haben stark abgenommen, dennoch kommen immer wieder welche hierher. Viel verdienen die Frauen dabei nicht, aber eine andere Erwerbsquelle gibt es hier sowieso nicht. Die Villa selbst hat nichts von dem „Stalinbarock" der dreißiger Jahre. Schlicht gearbeitete Jugendstilfenster, ein kleiner, etwas gedrängt wirkender Eingang. Wohltuend einfache und gradlinige Formen. Daneben einige Wirtschaftsgebäude, mehr gibt es hier nicht. Bei Stalins Vorliebe zu bombastischen, imperialen Gebäuden zumindest für mich eine Überraschung.

„Ich habe den noch gesehen, wenn er hierher kam", ruft eine der älteren Frauen hinter ihrem Stand hervor. „Aber der hat nie mit irgend jemand aus der Bevölkerung geredet. Wenn die Kolonne schon mal anhielt, der stieg nie aus und redete mit der Bevölkerung. Wenn überhaupt, dann ging er schnell da hinüber!" Sie zeigt mit dem Finger auf die kleine Villa.

„Der war klein und außerdem ziemlich häßlich, der hatte nämlich Akne. Außerdem hatte er Angst!" ergänzt ihre Nachbarin ebenso lautstark wie selbstbewußt. „Jawohl, der hatte Angst!" wiederholt sie noch einmal. Obwohl sie ihn nicht besonders mochten, erzählen sie, für sie sei er eben doch „Väterchen Stalin" gewesen, der die Sowjetunion schließlich zum Sieg gegen Hitlerdeutschland und die Rote Armee bis nach Berlin geführt hatte. Sie hätten es gar nicht glauben können, als er 1953 starb.

„Da haben wir geweint, nein richtig geheult, das kann ich Ihnen sagen. Das war schon so!" Ich glaube ihnen. Auch das ist wohl die Wahrheit: daß Stalin trotz aller Greueltaten, trotz der widerwärtigen Schauprozesse und trotz GULAG bei einem großen Teil der sogenannten normalen Bevölkerung beliebt war. Er wurde durchaus nicht nur als Monster wahrgenommen, wie das die Ideologen des Kalten Krieges auch heute noch gelegentlich schreiben. Natürlich ändert das nichts an der Tatsache, daß er ein grausamer Diktator war. Doch wer nicht mehr oder weniger direkt in das Räderwerk der Unterdrükkungsmaschinerie geriet, erfuhr damals von all diesen Dingen wenig, wenn überhaupt. Und über Informationen von außen verfügten während der Zeit des Kalten Krieges in der Sowjetunion nicht allzuviele Menschen. Das „Tauwetter" nach Stalins Tod zu Beginn der Chrustschow-Ära, da zumindest ein Teil der Informationen über die Opfer des Stalinregimes sogar von der Partei veröffentlicht wurden, dauerte nicht allzulange. Es wurde außerdem rasch von einer neuen Phase des Kalten Krieges abgelöst. Insofern blieb nicht allzuviel Zeit. Erst mit dem Beginn von Gorbatschows „Glasnost" hob sich der Vorhang endgültig auch für den normalen Sowjetmenschen. Heute, so scheint es mir, spielt dieses Thema in der russischen Öffentlichkeit nur eine erstaunlich geringe Rolle. Die meisten Menschen sind mit dem aktiven Überlebenskampf im Zeichen der Wirtschaftskrise beschäftigt. Da bleibt nicht viel Zeit und Energie zur Bewältigung der Vergangenheit. Manchmal kommt mir das ein wenig wie im westlichen Deutschland der fünfziger und frühen sechziger Jahre vor. Alles war mit Aufbau beschäftigt und übersah geflissentlich, wer da regierte. Ein ehemaliger Nazirichter als Ministerpräsident, wie im Bundesland Baden-Württemberg; Minister, die direkt oder indirekt an KZ's mitgebaut hatten und dergleichen mehr. Die zahlreichen Beispiele sind inzwischen ja längst bekannt. Ich bin mir sicher, daß auch in Rußland noch einmal eine Zeit kommt, wo die Vergangenheitsbewältigung eine größere Rolle spielen wird. Jetzt aber herrscht, was das angeht, eine merkwürdige, bei manchen auch eine betretene Stille.

Wir fahren wieder zurück zum Hubschrauberlandeplatz, die Zeit drängt, denn die Piloten wollen nach 16 Uhr nicht mehr fliegen. Hier oben in den Bergen des Kaukasus ändert sich das Wetter rasch. In wenigen Minuten ziehen die Wolken zu. Dann wäre es auch für erfahrene Piloten zu gefährlich, zu starten und ohne Sicht durch die Täler hinunter an die Küste zu fliegen. Aber wir haben Glück, das Wetter bleibt klar und wir fliegen kurz nach 16 Uhr los. 25 Minuten später landen wir wieder unten an der Küste. Es war ein spannender Ausflug in die sowjetisch-russische Vergangenheit. Entlang der Küstenstraße stehen die beeindruckenden „Sanatorien", also Erholungsheime, die der Sowjetstaat für seine Werktätigen bauen ließ. Zum Teil in pseudoitalienischem Stil, wie das Erholungsheim „Ordshonikidse", benannt nach einem Stalingefährten. Wer sich an architektonischen Stilbrüchen und an gelegentlich ins Triviale gewendeten Formen nicht stört, für den ist eine solche Fahrt die Küstenstraße entlang durchaus ein Erlebnis. Wenn schon nicht kunsthistorisch, so doch wenigstens bau- und gesellschaftshistorisch. Die Bauten dieser „Sanatorien" erzählen viel von den Idealen, die dem Sowjetmenschen als Traum der Werktätigen vorgesetzt wurden. Verkitschte Brunnen, an denen schlanke Jungfrauen mit steinernen Bällen spielen. Säulenhallen mit überbordend verzierten Kapitellen. Das Theater im Zentrum der Stadt als griechisch anmutender Säulentempel. Unten am Strand spielt sich bereits die neue Zeit ab. Eine sogenannte Aktiengesellschaft hat von der Stadt ein rund 300 Meter langes Stück Strand zur Nutzung zur Verfügung gestellt bekommen. Seitdem kostet dort der Zugang zum Strand Eintritt. Dafür stehen gepflegte Liegen mit Stoffauflagen zur Verfügung. An der Strandpromenade Pommes-frites-Buden und Schaschlik-Stände, überall Reklame. Zumindest dieser kleine Strandabschnitt könnte irgendwo in einem italienischen Feriengebiet liegen. Ein paar Meter weiter ist dann alles wieder eher ungepflegt und vergammelt. Neue Zeit, alte Zeit. Und doch läßt sich schon ausrechnen: Wenn alles gutgeht in Rußland, wird auch der ganze Strand von Sotschi in ein paar Jahren nicht mehr wiederzuerkennen sein. Allerdings wird sein Besuch für den Normalbürger dann nur noch schwer zu bezahlen sein. Ein paar Kilometer vom Stadtrand entfernt liegt eine der jüngsten Grenzen Rußlands. Die Grenze zu Abchasien, jener von Georgien abtrünnigen Provinz, die sich im August 1993 zu einer unabhängigen Republik erklärt hat. Auf diese Unabhängigkeitserklärung hin schickte der georgische Präsident und Regierungschef Truppen und Panzer, um die Unabhängigkeitsbewegung gewaltsam zu ersticken. Das war ein nicht wieder gutzumachender Fehler. Zumal von einem Mann, der noch zu Zeiten der Sowjetunion an der Spitze der liberalen Reformer stand und durch seine Außenpolitik weltberühmt wurde: Eduard Schewardnadse. In Georgien ließ er sich als Präsident zu einem Zeitpunkt auf eine solche Konfrontation mit der aufsässigen Provinz Abchasien ein, an dem das nur noch schiefgehen konnte. Aus zwei Gründen: Die Lage in Georgien war schon hochkompliziert durch mindestens einen weiteren bewaffneten Konflikt. Den in der georgischen Provinz Südossetien, das sich seinerseits enger an Rußland anschließen wollte. Die Osseten sind eine Volksgruppe, die zur einen Hälfte in Rußland, in Nordossetien, lebt, und zur anderen Hälfte in Georgien. Als das gesamte Gebiet einschließlich der „Sozialistischen Sowjetrepublik Georgien" noch zum Staat Sowjetunion gehörte, war das kein größeres Problem. Mit dem Auseinanderbrechen der Sowjetunion aber wurde Georgien ein unabhängiger Staat. Nun plötzlich spielte auch die Teilung der Volksgruppe der Osseten eine große Rolle, da sich durch ihr Gebiet nun eine Staatsgrenze zog. Außerdem zündelten georgische Nationalisten durch besonders repressive und provokante Politik in diesem sowieso schon schwierigen Gebiet auch an diesem Konflikt, der prompt entbrannte und sich immer wieder in bewaffneten Auseinandersetzungen zwischen Georgiern und der Minderheit der Osseten entlud.

Georgier sind außerordentlich offene und gastfreundliche Menschen. Aber sie besitzen auch ein überaus feuriges Temperament, gepaart mit großem Stolz auf ihre alte Kultur und ihr kulturelles Erbe, das unter dem Sowjetstaat lange unterdrückt und vom russischen Einfluß dominiert wurde. Mitten in diesen schwelenden Konflikt platzte im August 1993 die Unabhängigkeitserklärung Abchasiens. Als die georgischen Panzer auf Befehl Schewardnadses in die Hauptstadt der abtrünnigen Provinz, nach Suchumi, einrückten, explodierte auch dieses Pulverfaß. Nach schweren Kämpfen besonders im Herbst 1993 fiel Suchumi Ende September, und Schewardnadse, der von einem Bunker oberhalb der Stadt aus seine Truppen befehligte, mußte Suchumi fluchtartig verlassen. Kurz vor seiner Flucht konnte ich damals Eduard Schewardnadse noch in den Bergen oberhalb von Suchumi interviewen. Er machte einen zutiefst resignierten Eindruck und wußte keinen Ausweg mehr. Jetzt erst dämmerte ihm, daß dieser Konflikt gewaltsam gar nicht zu lösen war. Besonders weil noch jemand drittes verdeckt an diesem Konflikt beteiligt war: Rußland. Ohne die russische Unterstützung wäre es den Abchasen, die als Volksgruppe in Abchasien noch nicht einmal in der Mehrheit sind, niemals gelungen, größere militärische Erfolge gegen die georgische Armee zu erringen. Rußlands Interesse war damals wie heute klar: Georgien wieder in die Gemeinschaft unabhängiger Staaten (GUS) einzugliedern und so den russischen Einfluß in der unmittelbaren Nachbarschaft zu stärken. Genau dagegen hatte die georgische Führung sich nach dem Zusammenbruch der Sowjetunion zu wehren versucht. Spätestens im Sommer 1993 aber tappte Schewardnadse in die Falle. Er stand seinerseits unter enormem innenpolitischem Druck georgischer Nationalisten. Einige ihrer Führer hatten sich eigene Milizen organisiert. Auch in der desorganisierten georgischen Armee, nicht zuletzt ein Sammelbecken halbkrimineller Existenzen, war die vorherrschende Stimmung die des Einmarsches nach Abchasien. Das Ergebnis: rund 200 000 Menschen auf der Flucht, 10 000 Tote und ein für viele Jahre bestehenbleibender Haß auf beiden Seiten, der diesen Konflikt offen oder verdeckt am Leben erhalten wird. Georgien ist um eine seiner schönsten Provinzen ärmer. Die abchasische Hauptstadt Suchumi ist schwer vom Krieg gezeichnet. Rußland hat im übrigen sein Ziel erreicht. Das widerspenstige Georgien ist Mitglied in der GUS geworden und orientiert sich wieder an Rußland.

Ich war im Sommer und Herbst 1993 mehrmals in Sotschi und überschritt von dort aus die Grenze nach Abchasien. Auf der anderen Seite des kleinen Flusses, der Rußland von Abchasien trennt, sammelten sich zu Beginn des Krieges zum Teil schwer alkoholisierte Banden von bewaffneten Jugendlichen. Anfangs waren sie nur im Besitz von einigen Schützenpanzern und Raketenwerfern. Das änderte sich freilich ziemlich schnell. Plötzlich hatten sie schwere Geschütze, mit denen sie später auf höchst professionelle Weise georgische Artilleriestellungen am Strand von Suchumi auslöschten. Das ging nur mit erfahrener Hilfe. Und die konnte nur von den Russen kommen. Wir bekamen das einmal selbst zu spüren, als wir während der Kämpfe in der kleinen Stadt Gudauta, nicht weit von Suchumi, filmen wollten. Plötzlich näherte sich uns ein russischer KGB-Offizier, wir wurden festgesetzt und schließlich nachts im Konvoi zurück an die abchasisch-russische Grenze gebracht. Wir hatten uns in einer Gegend aufgehalten, in der zwei russische Fallschirmjäger-Bataillone stationiert waren. Sie fühlten sich beobachtet. Also wurden wir abtransportiert.

An der Grenze zu Abchasien.

Georgiens Wirtschaft hat durch diesen Krieg den letzten
Schlag bekommen, der Staat ist praktisch bankrott und
Eduard Schewardnadse hat sich längst tief im Dickicht georgischer Innenpolitik verstrickt. Immer wieder mal droht
er mit Rücktritt, läßt sich aber dann doch bitten, im Amt zu
bleiben. Jedenfalls bis jetzt.

Hier also sind wir am Ende unserer langen Reise angelangt. In einem der Krisengebiete an einer der südlichen
Grenzen Rußlands. Die Kaukasusregion hat sich zurückverwandelt in das, was sie vor der Oktoberrevolution viele
Jahrhunderte lang war: eine zum Teil schwer zugängliche
Region mit einem hochkomplizierten Gemisch von kleinen
Völkern und Bergstämmen, das von manchen Ethnologen
als „eine Art Völkerkundemuseum" bezeichnet wird. Mit
dem Beginn des Krieges zwischen Abchasien und Georgien
schrumpften die Touristenbesuche in dieser Region auf ein
Minimum, was wiederum für Sotschi einen großen wirtschaftlichen Einbruch bedeutet. Einen Besuch ist diese

Stadt trotzdem wert. Zumal die Unruhen nie auf Sotschi übergegriffen haben. Heute ist es eine Stadt, deren einzige Hoffnung auf ihrer Zukunft als Touristen- und Erholungsmetropole beruht. Ihre Zukunft hängt wie im übrigen Rußland davon ab, ob es gelingt, neben einer Phase politischer Stabilität die wirtschaftlichen Reformen soweit voranzutreiben, daß es sich für die Menschen tatsächlich lohnt, privatwirtschaftliche Initiative zu ergreifen.

Der Krieg hat auch den Abchasen nichts gebracht außer einem gestärkten Selbstbewußtsein gegenüber den Georgiern und einer Woge überschwenglicher nationaler Gefühle. Als sogenannter unabhängiger Staat ist Abchasien natürlich nicht lebensfähig. Auch wenn man jetzt den Paß vorzeigen muß, um die Grenze von Rußland nach Abchasien zu überschreiten. Von morgens um sechs bis zum Anbruch der Dämmerung ist diese merkwürdige Grenze geöffnet. Auch in Abchasien sind, wie in Georgien, die letzten Reste der Wirtschaftsstruktur zusammengebrochen. Die Menschen leben jetzt im wesentlichen davon, was ihre Felder und Weinberge hergeben. Viele kommen morgens über die Grenze nach Rußland, um in Sotschi Arbeit zu finden. Doch das ist aussichtslos. Denn dort greift auch unter der örtlichen Bevölkerung die Arbeitslosigkeit um sich.

Wir sitzen am Abend auf der Terrasse des einzigen neuen Hotels eines amerikanischen Konzerns in Sotschi mit Blick auf die Küste des Schwarzen Meers. Fünf Wochen lang sind wir mit dem Schiff durch Rußland gefahren. Jetzt kommt es mir vor, als ob dieses riesige Rußland selbst wie ein gewaltiger Tanker durch die Zeiten dahintreibt. Ein Tanker, den vermutlich niemand wirklich zu steuern vermag. Dafür ist er einfach zu groß. Besonders jetzt, nachdem die alten Kommandostrukturen nicht mehr existieren und die neuen sich erst herausbilden. Neben dem russischen Präsidenten Jelzin gibt es viele kleine fähige und unfähige, integre und korrupte Steuermänner draußen in den Regionen des größten Landes der Erde. Eine gefährliche Entwicklung? Gewiß. In jedem Fall aber eine in meinen Augen unvermeidliche. Für einen solchen riesigen historischen Umbruch gibt es im übrigen keine Rezepte. Und das Risiko, so scheint mir, ist nicht größer als jenes, das der Kalte Krieg der sechziger und siebziger Jahre darstellte. Das wird heute von vielen gern vergessen. Für die Zukunft Rußlands entscheidend aber wird sein, ob der Westen dieses Rußland soweit wie irgend möglich zu integrieren versteht. Nicht nur die Russen, auch wir im Westen müssen in der Lage sein, die alten Feindbilder nicht durch neue zu ersetzen. Die Menschen, die ich während unserer Reise durch dieses immer noch unbekannte Rußland kennengelernt habe, sind es allemal wert. Viele empfinden sich als verloren, verkauft und verlassen. Und : Sie alle hatten über viele Generationen hinweg keine Gelegenheit, das Leben in einer freien und offenen Gesellschaft zu erfahren und auszuprobieren. Vielen macht das Angst und sie sehnen sich zurück nach den alten Zeiten, in denen angeblich alles besser und sicherer war. Natürlich stimmt das nicht. Es liegt aber auch an uns, ihnen Hoffnung auf die Zukunft zu machen oder dazu beizutragen, diese Hoffnung zu stärken. Die Hoffnung, daß nicht eine neue Wolfsgesellschaft auf sie wartet, in der sich, statt dem kommunistischen Funktionär, nun auch nur wieder der Stärkere, der Reichere, der Brutalere durchsetzt. Denn das haben sie gerade hinter sich. Hoffentlich.

XIV.

EPILOG
Tschetschenien, Januar 1995

Eine Maschinengewehrsalve fetzt die Dorfstraße entlang.
Dann schneiden die Leuchtspurgeschosse wie ein Messer
in das Dach einer Holzhütte. Die dünnen Stützpfeiler des
Dachstocks knicken ein. Mit einem Ächzen klappt eine
Seite des Daches nach innen.

„Laß uns abhauen hier!" brülle ich meinem russischen
Kameramann Maxim Terasjugin zu. Doch der bleibt stehen. Etwa zweihundert Meter vor uns hat sich ein tschetschenischer Panzer mit einem aufmontierten, schweren
Luftabwehrgeschütz in Stellung gebracht. Verdeckt hinter
einer Häuserzeile. Den will Maxim noch filmen. Der Kano-
nier zielt auf einen dicht über der Hügelkette entlang flie-
genden russischen Kampfhubschrauber, ein „Krokodil",
wie sie hier in Tschetschenien genannt werden. Mit ohren-
betäubendem Krachen fahren die Granaten aus den Zwil-
lingsrohren. Mir ist angst. Ich habe keine Lust, in dem von
der russischen Armeeführung und dem russischen Präsidenten Jelzin angezettelten Krieg „erwischt" zu werden.

Am Fuß der Hügelkette haben sich schwere russische
Panzer eingegraben. Es ist die Spitze einer von drei Panzer-
kolonnen. Sie überrollten die tschetschenische Grenze am
11. Dezember. Die Kolonne vor uns ist am weitesten vorgedrungen – bis 15 Kilometer vor die tschetschenische
Hauptstadt Grosny. Plötzlich blitzt aus einem der vorderen
russischen Panzer ein gewaltiger Feuerstrahl. Mit hohem

Pfeifen fliegt eine Granate über uns hinweg und schlägt irgendwo weiter hinten mit einer dumpfen Explosion ein. Es herrscht Krieg in Tschetschenien, und wir sind mitten drin. Ich ziehe Maxim von hinten an der Jacke, um ihn am weiteren Filmen zu hindern. Jetzt endlich gibt er nach und läßt die Kamera sinken. Da brüllt mir mein russischer Kollege und Tonmann Sascha etwas zu.

„Was?" schreie ich.

„Wir gehen da rüber hinter die Hütten, dort ist ein sicherer Platz!"

Sascha ist schon dabei, ein Holztor aufzustoßen, um quer durch einen Garten hinter die erste Zeile der Hütten zu gelangen.

„Wieso da hinüber?" brülle ich.

„Da ist es sicher, da ist eine tschetschenische Stellung mit einer Haubitze!"

„Njet!!"

Meine Stimme überschlägt sich. Ausgerechnet dorthin! Es ist eine Frage der Zeit, und die russischen Kampfhubschrauber haben die Haubitze entdeckt. Sie werden die Stellung entweder selbst aus der Luft mit Raketen beschießen oder der russischen Artillerie die nötigen Informationen durchgeben. Dann wird die Stellung dem Erdboden gleichgemacht. Also nichts wie weg! Wir rennen im Straßengraben zurück. Bei der Baumgruppe da vorne müßte eigentlich unser tschetschenischer Fahrer mit seinem „Wolga" stehen. Doch der hat sich leider davongemacht, sobald die Schießerei begann. Eigentlich verständlich. Ich habe auch Angst. Aber jetzt hätten wir ihn dringend gebraucht, um schneller aus dem Schlamassel herauszukommen. Statt dessen rennen wir keuchend weiter. Eine Gruppe tschetschenischer Kämpfer kommt uns entgegen. Sie tragen Panzerfäuste und einige schwere Maschinengewehre. Was sie uns zurufen, verstehe ich nicht. Einige von ihnen lachen. Aus einer kleinen Seitenstraße des Dorfes

200

Perwomaiska kommt ein „Schiguli" angefahren, ein Fiat sowjetischer Bauart. Wir halten ihn an und fragen den Fahrer, ob er uns bis zur nächsten Hauptstraße mitnehmen kann. Nach kurzem Zögern läßt er uns einsteigen und bringt uns aus der unmittelbaren Gefahrenzone. Es herrscht Krieg in Rußland, Krieg in Tschetschenien.

Gerade zweieinhalb Monate nach unserer traumhaften Schiffsreise quer durch Rußland, einer Reise, die mir so viel Hoffnung auf eine friedliche Zukunft Rußlands gemacht hat, kaum zweieinhalb Monate danach hat der russische Präsident Boris Jelzin sein Land in eine noch gefährlichere Krise gestürzt. Eine Krise, die Rußland, aber auch Jelzins persönliches Lebenswerk bedroht. Er war es doch, der Rußland mit seinem Widerstand gegen die Putschisten am 19. August 1991 auf einen demokratischen Weg brachte. Er war es doch, der Rußland nach der Auflösung der Sowjetunion zu den ersten demokratischen Wahlen seit 1917 verhalf. Und nun ist er es, der seine eigene Glaubwürdigkeit als demokratischer Politiker durch den blutigen und kompromißlosen Einmarsch russischer Panzer in Tschetschenien verspielt. Unter welchem Einfluß er auch immer steht, wer auch immer in seiner Umgebung ihn so entsetzlich berät und ihn mit falschen und verlogenen Informationen füttert, verantwortlich dafür ist letzlich der Präsident Rußlands – Boris Jelzin.

An der nächsten Straßenkreuzung steigen wir aus. Sie liegt etwa zwei Kilometer entfernt von den Kampflinien. Tschetschenische Kämpfer, aber auch ganz normale Einwohner dieses Vorortes von Grosny stehen hier herum. Wir filmen sie und einen tschetschenischen Schützenpanzer, der, beladen mit Freiwilligen, an der Kreuzung hält. Dann packen wir ein – wir müssen zurück ins Stadtzentrum von Grosny. Dort steht die kleine, mobile Satellitensendeanlage der Eurovision, mit der wir unseren Bericht an die „Tagesschau" nach Hamburg überspielen wollen. Etwa

50 Meter hinter uns schlägt eine von einem Kampfhubschrauber abgeschossene Rakete ein. Pfeifend fliegen Split-
ter durch die Luft, doch niemand wird verletzt. Glück gehabt. Trotz dieses Angriffs auch auf Zivilisten kann ich mir
zu diesem Zeitpunkt noch nicht vorstellen, was für ein In-
ferno über die Stadt Grosny hereinbrechen wird. Russische
Bomber und russische Artillerie werden sie in Schutt und
Asche legen. Tausende Zivilisten werden sterben. In einem
Akt gnadenloser Barbarei versucht die russische Führung,
das nach Unabhängigkeit strebende Tschetschenien in die
Russische Föderation zurückzubomben. Zugegeben – auch
der tschetschenische Präsident Dudajew ist alles andere als
ein Musterdemokrat. Wie ein Diktator hat er die Macht an
sich gerissen. Er hat, als es ihm nicht mehr paßte, das tschetschenische Parlament aufgelöst. Schon davor, im Jahre
1991, erklärte er Tschetschenien für unabhängig. Damals
paßte das Boris Jelzin noch ins Konzept. Denn er war selbst
dabei, die Sowjetunion aufzulösen. Jetzt versucht er, mit
der eisernen Faust solche Regungen in Tschetschenien zu
ersticken. Damit löst er freilich genau das aus, was er unterdrücken wollte: die Solidarisierung vieler Tschetschenen mit Dudajew und seinem Regime. Viele von ihnen
wollten mit dem ehemaligen sowjetischen Fliegergeneral
Dudajew, immerhin zu Zeiten der Sowjetunion Befehlsha-
ber eines strategischen Bomberkommandos, nichts mehr
zu tun haben. Jetzt allerdings sehen viele in ihm den Ver-
teidiger Tschetscheniens gegen die russischen Invasoren.
Jelzin weckt durch seine unbegreifliche Brutalität all die historischen Erinnerungen an den jahrzehntelangen Frei-
heitskampf der Tschetschenen im letzten Jahrhundert. Fast
50 Jahre lang widerstanden sie damals der zaristischen Armee. Er weckt die traumatischen Erinnerungen an die Deportation der Tschetschenen durch Stalin im Jahre 1944,
der sie der Kollaboration mit der deutschen Wehrmacht
beschuldigte. Hunderttausende wurden nach Zentralasien

deportiert. Viele tausend kamen dabei um. Stalin ließ damals Luftlandedivisionen in den Bergen des Kaukasus absetzen und Dorf um Dorf zerstören. Das weiß noch heute jedes tschetschenische Kind. Es ist Teil der kollektiven Erinnerung dieses Volkes. Jelzin selbst hat den Anschluß an diese blutige Tradition zu verantworten. Er hat damit nach meiner Überzeugung selbst das Ende der Ära Jelzin eingeläutet und Rußland finstere Aussichten beschert. Die Folgen der Tschetschenienkrise werden das ohnehin schon geschundene Land noch in tiefe Erschütterungen stürzen.

Als wir zurück im Stadtzentrum sind, treffen wir Kollegen des polnischen Fernsehens. Sie sind kreidebleich. Durch großes Glück sind sie mit dem Leben davongekommen. Sie fuhren zusammen mit tschetschenischen Flüchtlingen in einem Konvoi von vier Autos. Sie saßen im letzten Auto. Russische Panzergranaten zerfetzten die drei Wagen vor ihnen. Alle Insassen, Männer, Frauen, Kinder, waren sofort tot. Die polnischen Kollegen sind zu erschüttert, um an diesem Abend einen Bericht fertigzustellen und ihn über die Satellitenanlage nach Warschau zu überspielen. Dominique, mein Korrespondentenkollege des französischen Fernsehsenders „Antenne 2", zeigt mir seine Jacke. Sie ist am Rücken durch Granatsplitter zerfetzt. Russische Soldaten haben ihn und sein Kamerateam während der deutlich sichtbaren Dreharbeiten mit Handgranaten beworfen. Wie durch ein Wunder blieben sie unverletzt.

„Was machen wir eigentlich, wenn einer von uns verwundet wird?" fragt ein Kollege aufgeregt. Er hat recht. Arzt gibt es hier keinen. Auf welchem Weg sollen wir einen Verletzten aus der beinahe völlig eingekesselten Stadt bringen? Wo ist das nächste Krankenhaus? Die Grenze von Tschetschenien in die Nachbarprovinz Dagestan ist rund 100 Kilometer entfernt. Dort wird noch nicht gekämpft. Doch von der Grenze bis zum nächsten Flughafen sind es noch mal 100 Kilometer. Gibt es die Chance, so einen Transport mit schweren Verletzungen zu überleben? Spätestens jetzt wird allen bewußt, wie gefährlich auch die Berichterstattung über diesen Krieg geworden ist.

Am Abend berichte ich in einem Live-Gespräch mit Uli Wickert, dem Moderator der „Tagesthemen", von den Vorkommnissen in und um Grosny. Auch Uli ist, hinter aller Professionalität, spürbar betroffen. Er fordert mich im Namen der „Tagesthemen"-Redaktion auf, Grosny im Interesse meiner und der Sicherheit meines Teams zu verlassen. Wir hatten selbst schon darüber nachgedacht. Der Aufenthalt hier wurde mit jedem Tag gefährlicher. Aber ich war Uli Wickert trotzdem dankbar. Vielleicht ist das für Außenstehende nicht recht verständlich, aber in solchen Situationen ist es enorm wichtig, am anderen Ende des Telefons Kolleginnen und Kollegen zu haben, die nicht aus Sensationsgier und im angeblichen Zuschauerinteresse nach noch mehr und noch größeren Risiken verlangen. Situationen wie diese entwickeln durchaus einen eigenen Sog. Man beginnt sich an Risiken zu gewöhnen, an den in der Ferne dröhnenden Gefechtslärm, an die tieffliegenden Bomber. Irgendwie von der Überzeugung beseelt, daß die Granaten und Bomben immer anderswo einschlagen, nur nicht bei einem selbst. So muß es auch der jungen amerikanischen Kollegin Cynthia Elbaum gegangen sein. Als die Menschen nach einem Granatwerferangriff der russischen Armee in Grosny aus den Kellern heraus wieder auf die Straße traten, war sie bei ihnen. Da schlug erneut eine Granate ein. Cynthia Elbaum, 28 Jahre alt, war sofort tot. Oder Jochen Piest, ein reizender und überaus kompetenter Kollege des Moskauer STERN-Büros. Wir kannten uns gut, denn wir waren Nachbarn in Moskau. Noch einen Tag bevor er nach Tschetschenien fuhr, trafen wir uns auf dem Hof vor unserem Wohn- und Bürogebäude in Moskau.

„Fährst du?" fragte er mich. „Fährst du?" fragte ich zurück. Jochen fuhr. Ich war gerade aus Tschetschenien zurückgekommen. Zwei Tage später war Jochen Piest tot. Dabei hatte er eigentlich nichts riskiert. Jedenfalls nichts, was ich nicht auch riskiert hätte. Weit weg von Grosny stand er bei einem Minenräumkommando der russischen Armee an einem Bahngleis. Plötzlich raste eine kleine Lokomotive auf sie zu. Auf ihr stand ein tschetschenischer Kamikazekämpfer und feuerte aus einer Maschinenpistole auf die Gruppe, in der auch Jochen stand. Zwei Fotoreporter konnten sich noch rechtzeitig zu Boden werfen. Jochen gelang das nicht mehr. Von drei Schüssen getroffen, sank er in sich zusammen. Jochen Piest, 30 Jahre alt, ein hochbegabter Kollege, erschossen in dem völlig unkalkulierbar gewordenen Wahnsinn des Krieges in Tschetschenien. Ein Krieg, der Tausenden von Zivilisten und weit über tausend russischen Soldaten das Leben kosten sollte. Wofür?

Mindestens so bestürzend wie diesen Krieg fand ich die Reaktion des Westens auf die mit diesem Krieg verbundenen drastischen Menschenrechtsverletzungen. Obwohl ich und andere Kollegen jeden Tag Bilder und Berichte nach Deutschland überspielten, Bilder und Berichte, die eindeutig waren. Bilder, die klarmachten, daß hier nach dem Muster sowjetischer Gewaltpolitik mitten in Friedenszeiten eine 400 000-Einwohner-Stadt mit Bombenteppichen und Artilleriegranaten in Schutt und Asche gelegt wurde. Auf all dies kam zunächst überhaupt keine Reaktion. Dann eine äußerst zaghafte Regung des deutschen Außenministers Klaus Kinkel. Das Vorgehen im Kaukasus sei zwar nicht in Ordnung, aber hier handle es sich eindeutig um eine innere Angelegenheit Rußlands. Wie das? Seit wann ist die offene und eklatante Verletzung der Menschenrechte und die gnadenlose Bombardierung der Zivilbevölkerung mit Tausenden von Opfern „innere Angelegenheit" eines Landes? Und Bundeskanzler Kohl, der sich in den letzten beiden Jahren gerne seiner Freundschaft mit dem russischen Präsidenten rühmt und gerühmt hat? – Erst als der Druck in seiner eigenen Partei allmählich wuchs, bequemte sich Helmut Kohl dazu, seinen „Freund Boris" anzurufen. Einige Tage später dann noch einmal. Da war der Krieg allerdings bereits vier Wochen alt. Ein äußerst beschämendes Kapitel desorientierter deutscher Außenpolitik, die sich aus purer Ratlosigkeit für einen solchen Opportunismus nicht zu schade ist. Natürlich verstehe ich die Angst, den auf höchst wackligen Beinen stehenden Reformprozeß in Rußland nicht gefährden zu wollen. Ihm gilt meine eigene uneingeschränkte Sympathie. Was aber, wenn dieser Prozeß sich durch solche Kriegsabenteuer nicht nur selbst gefährdet, sondern regelrecht Selbstmord begeht? Es muß, bei aller Opportunität und der Notwendigkeit zum Kompromiß, eine Basis geben, auf der zivilisierte Außenpolitik fußt. Wenn die Einhaltung der Menschenrechte eine solche Basis nicht mehr darstellt, was eigentlich dann? Es stimmt schon: Politik ist nichts Abstraktes. Sie wird immer durch die Menschen geprägt, die sie ganz konkret machen oder sie repräsentieren. Aber sie darf nicht nur davon abhängen! Sie muß sich auch an Grundprinzipien zivilisierter Politik messen lassen. In Deutschland zum Beispiel am Grundgesetz. In Rußland an der dort geltenden Verfassung. Oder an internationalen Verträgen und Abmachungen, die auch Rußland, genauer gesagt, der russische Präsident Jelzin, unterschrieben haben. So etwa die Schlußprotokolle der „Konferenz für Sicherheit und Zusammenarbeit in Europa" beim Gipfel von Budapest Anfang Dezember 1994. Ich stand dort im Pulk der Journalisten nicht allzuweit von Boris Jelzin entfernt, als auch er diese Protokolle unterschrieb. Er hat sie in nüchternem Zustand unterschrieben. Also muß er gewußt haben, was er unterschreibt. Zum Beispiel den Zwang zum friedlichen Umgang mit Minderheiten. Dazu zählen auch die knapp eine Million Menschen in Tschetschenien. Trotzdem ließ er sieben Tage nach der Unterzeichnung die Panzer nach Tsche-

tschenien rollen. Kurz darauf begann die russische Luft-
waffe Grosny zu bombardieren.

Jelzin ist ein grobschlächtiger und sehr autoritär ange-
legter Mann. Seine hervorstechenden Charakterzüge sind
die Fähigkeit, Widerstand zu leisten oder Widerstand zu
brechen. Beides mit ungeheurer Energie und, wenn nötig,
mit großer Gewalt. Das läßt aber nur den einen Schluß zu:
Man muß ihm mit dem gleichen Widerstand begegnen,
wenn er die Prinzipien friedlichen Zusammenlebens mit
Füßen tritt. Jelzin ist ein Mann, der diese Sprache versteht.
Manche sagen, daß er nur diese Sprache versteht. Aber
selbst wenn er sie nicht verstünde: Angesichts des tschetschenischen Infernos, das er und die „Falken" um ihn
herum entfesselt haben, gibt es gar keine andere legitime
Antwort als internationalen Gegendruck. Es geht auch um
die eigene, also auch um die deutsche Glaubwürdigkeit.
Seine Glaubwürdigkeit als Demokrat und Reformer, aber
auch als zuverlässiger und berechenbarer Partner hat Jelzin
im Bombenhagel auf Grosny mit einem Schlag vernichtet.
Ich gebe zu, daß auch ich ihn einer solch schrankenlosen
Barbarei nicht für fähig gehalten habe. Ich gebe zu, daß
auch wir Journalisten ihn selbst bei der Beschießung des
Weißen Hauses, dem damaligen Sitz des kommunistisch
und nationalbolschewistisch dominierten Parlaments, in
jenen deprimierenden Oktobertagen 1993 mit Verständnis
„angefaßt" haben. Dieser Gewaltakt war, man muß es ja
doch noch einmal sagen, die Reaktion auf die blutige Gewalt der nationalbolschewistischen Aufständischen. Aber
war er, aus heutiger Sicht, nicht doch schon der Vorbote
für weitere Gewaltaktionen wie die in Tschetschenien? Ist
dort schon bei Jelzin und anderen aus seiner Umgebung
tiefenpsychologisch die Hemmschwelle zum Einsatz von
Gewalt gesenkt worden, so daß er glaubte, ungestraft einen
solchen Feldzug wie den in Tschetschenien entfesseln zu
können? – Ich weiß es nicht. Ich weiß nur, daß einer sol-

chen Politik internationaler Widerstand entgegengesetzt werden muß. Egal, von wem diese Politik ausgeübt wird, egal, wer Rußland regiert. Boris Jelzin oder sein Nachfolger, wer immer das sein wird.

So dramatisch und so blutig also ist dieses Jahr 1995 in Rußland angebrochen. Und es spricht vieles dafür, daß es ein weiteres „Jahr der Wirren" werden wird. Gemessen daran kommt mir die Erinnerung an die wunderbare Sommerreise mit dem Schiff durch Rußland wie ein Traum vor. Ein Traum, der schon wieder unermeßlich weit zurückliegt. Denn in Rußland rast die Zeit, und die Entwicklungen überschlagen sich. Es scheint so, als ob dieses riesige Rußland in ungeheurer Geschwindigkeit jene Entwicklungen nachholen muß, zu denen andere europäische Staaten Jahrhunderte Zeit hatten. Das Risiko, daß dies zu gewaltigen Zerstörungen innerhalb und außerhalb Rußlands führt, ist enorm. Ich will die Risiken, von Kernwaffen bis zu Atomkraftwerken, gar nicht weiter im einzelnen aufzählen und analysieren. Statt dessen will ich Sie, die Leser, und auch mich noch einmal an diese Sommerreise erinnern. Trotz alledem und alledem will ich Ihnen Mut machen, diese Reise selbst zu probieren. Noch heute fühle ich mich von diesem so schwierigen, so schönen und so unermeßlichen Land und seinen Menschen dafür beschenkt. Beschenkt aber auch von meinen Kolleginnen und Kollegen aus dem ARD-Studio Moskau, den deutschen wie den russischen, die mich auf dieser Reise begleitet und dafür soviel gearbeitet haben.

Wir alle gemeinsam wünschen Rußland und seinen Menschen alles Glück dieser Welt. Und manchmal, wenn ich aufwache in meinem Bett mitten in der Nacht, mitten in Moskau, dann sehe ich es sogar – das Licht am Ende des Tunnels. Oder ist das nur ein Wunsch? Manchmal, ich weiß es, hat auch das Wünschen geholfen.